CELEBRAÇÕES ESPIRITUAIS

Maggie Oman Shannon

CELEBRAÇÕES ESPIRITUAIS

As Práticas de Oração ao Redor do Mundo

Tradução:
SIMONE DO VALE

Prefácio:
ALAN JONES
DEÃO DA CATEDRAL DA GRAÇA

Editora Pensamento
SÃO PAULO

Título original: *The Way we Pray: Prayer Practices from Around the World.*
Copyright © 2001 Maggie Oman Shannon.

Publicado mediante acordo com Red Wheel Weiser & Conari Press, Newburyport, MA – 01950-4600 USA.

Todos os direitos reservados. Nenhuma parte deste livro pode ser reproduzida ou usada de qualquer forma ou por qualquer meio, eletrônico ou mecânico, inclusive fotocópias, gravações ou sistema de armazenamento em banco de dados, sem permissão por escrito, exceto nos casos de trechos curtos citados em resenhas críticas ou artigos de revistas.

A Editora Pensamento-Cultrix Ltda. não se responsabiliza por eventuais mudanças ocorridas nos endereços convencionais ou eletrônicos citados neste livro.

Dados Internacionais de Catalogação na Publicação (CIP)
(Câmara Brasileira do Livro, SP, Brasil)

Shannon, Maggie Oman

Celebrações espirituais : as práticas de oração ao redor do mundo / Maggie Oman Shannon ; tradução Simone do Vale ; prefácio Alan Jones. — São Paulo: Pensamento, 2009.

Título original: The way we pray : prayer practices from around the world.
Bibliografia.
ISBN 978-85-315-1576-7

1. Espiritualidade 2. Orações I. Jones, Alan. II. Título.

09-03166   CDD-291.43

Índices para catálogo sistemático:
1. Orações : Religião comparada   291.43

O primeiro número à esquerda indica a edição, ou reedição, desta obra. A primeira dezena à direita indica o ano em que esta edição, ou reedição, foi publicada.

Edição	Ano
1-2-3-4-5-6-7-8-9	09-10-11-12-13-14-15

Direitos de tradução para o Brasil
adquiridos com exclusividade pela
EDITORA PENSAMENTO-CULTRIX LTDA.
Rua Dr. Mário Vicente, 368 — 04270-000 — São Paulo, SP
Fone: 2066-9000 — Fax: 2066-9008
E-mail: pensamento@cultrix.com.br
http://www.pensamento-cultrix.com.br
que se reserva a propriedade literária desta tradução.

*Este livro é dedicado
ao meu marido, Scott Bruce Shannon,
com o mais profundo amor,
admiração e gratidão.*

Prefácio..	11
Introdução...	15
Afirmações: Como Usar os Dons de Deus.......................	21
Altares: Um Lugar para Aperfeiçoar a Alma.....................	26
Amuletos: Lembranças do Mais Sagrado..........................	31
Anjos: Os Mensageiros de Deus.......................................	36
Oração do Corpo: Rezando no Templo de Deus.............	41
Oração Centrante: Revele a Totalidade do Ser.................	46
Vestes Cerimoniais: Adornando o Silêncio e o Cântico...	50
Cânticos: Elevando a Voz até Deus..................................	55
Despachos: Oferendas de Gratidão..................................	59
Elementos: As Origens Quádruplas de Todas as Coisas...	64
Exame de Consciência: Prestando Mais Atenção aos Nossos Atos...	68

Jejum: Dias de Oração Ininterrupta 72
Festas: Saboreando a Sensação da Comunhão 77
Meditações Nutritivas: Permaneça Atento
   ao Mistério 82
Práticas de Perdão: Um Alívio para o
   Nosso Coração 86
Orações Formais: Um Ponto de Partida 90
Caixas de Deus: Agradecendo as Próprias Bênçãos,
   Libertando-se do Passado 94
Diários de Gratidão e de Oração:
   Como Reconhecer a Dádiva como uma Dádiva 99
Guias: De Outras Dimensões para nos Ajudar Aqui 104
Haikai: Expressando o Vislumbre Oculto 109
Ícones: Imagens que nos Guiam ao Coração de Deus ... 114
Ikebana: O Caminho da Flor 118
Música Instrumental: Simbolizando o Anseio
   pela Harmonia 122
Labirintos e Caminhadas de Oração: Metáforas
   da Jornada Espiritual 126
Mandalas: O Caminho para o Centro 132
Grupos de Apoio: Como Entrar em Contato com
   a Inteligência Infinita 136
Meditação e Práticas de Respiração: Inspirando o
   Espírito de Deus 140
Milagres: Representações das Bênçãos do Céu 145
Texto Sagrado Pessoal: A Oração Cristalizada
   em Palavras 149
Contas de Oração: Tocando o Sagrado 154

Tigelas de Oração: Receptáculos que nos
    Convidam a Descobrir o Sagrado 160
Orar Dançando: A Adoração Daquele que Criou o
    Nosso Corpo e a Nossa Alma 165
Bandeiras de Oração: Conduzindo as Bênçãos para
    Além do Firmamento 171
Tapetes de Oração: Um Lugar para Contemplar o
    Portão do Paraíso 176
Roda de Oração: Bênçãos e Bem-estar a Cada Giro 180
Orar com os Outros: Unindo-se à Comunidade 184
Rituais: Unindo o Físico aos Mundos Superiores 189
Escrituras Sagradas: Leitura que Alimenta a Alma 195
Santos: Comungando com os Espíritos Puros ou
    Santificados 200
Solidariedade: O Caminho para a Alegria e a Recriação .. 204
Trabalho de Sombra: A Iluminação Através da
    Exploração das Trevas 209
Contar Histórias: Palavras que Entusiasmam ou
    Acalmam as Almas 213
Sauna Sagrada: Um Lugar que Oferece Força e Poder 218
Oração Taizé: Um Cântico que Reverbera no Silêncio
    do Coração 223
Sexo Tântrico: Um Meio de Experimentar a União
    Transcendente com Deus 227
Cerimônia do Chá: A Paz Genuína Conquistada por
    Meio de uma Tigela de Chá 231
Missa Tecnocósmica: Onde a Rave e o Sacramento
    se Encontram 236

Mapas do Tesouro: Ilustrações da Autobiografia
da Alma 241
Busca de Visões: Descobrindo Línguas em
Árvores, Sermões em Pedras 246
Artes Visuais: A Obra do Corpo e da Alma 253

Agradecimentos 257
Leitura Adicional 259
Bibliografia 268

PREFÁCIO

O livro de orações de Maggie Oman Shannon preenche uma lacuna importante para aqueles de nós que foram criados num mundo de "know-how" mas, de maneira irônica, dispõem de capacidade limitada para simplesmente se comunicar com o Divino. O perigo, claro, é que podemos confundir a prática com a coisa em si e acabarmos mestres numa espécie de embromação espiritual. Porém, seria incoerente e lamentável nos privarmos de práticas e disciplinas que preparam para a intensidade da alegria e da esperança que essa relação promete.

O que precisamos buscar é uma espiritualidade integrada: que considere o corpo, a mente e o espírito seriamente. *Celebrações Espirituais* oferece uma riqueza de práticas espirituais integradoras. Algumas delas talvez pareçam decepcionantes devido à sua simplicidade ou até inocência. Mas a questão é lembrar que todas têm o poder de revelar uma realidade mais profunda e generosa. Os primeiros teólogos costumavam falar da economia de Deus. Como o Divino jamais pode ser totalmente apreendido, recebemos apenas o máximo que conseguimos carregar ao longo do caminho. O mistério Divino nos alcança em etapas e nuances. Como explica Gary Wills: "Desenhar um anjo com asas é uma economia, designada para representar uma certa ideia de ser superior para a mente infantil. Trata-se de uma alegoria, e não de uma mentira." Em outras palavras, existe um mundo espiritual muito além da compreensão, que é inerente e acessível a nós. É por isso que, na economia Divina, falamos de anjos. Este livro está cheio de exemplos de economias semelhantes.

Recentemente, um amigo meu ficou desapontado quando tentei lhe explicar os deveres do cristão: "Sei que existem muitas coisas nas quais supostamente devo acreditar, mas estou mais interessado em descobrir como devo agir." A conversa me fez entender o quanto alguns de nós se desviaram da essência da simples prática. Nas grandes tradições, sempre existiu uma espécie de divisão entre a religião como vocação e a religião como dever ou consolo. No Ocidente, a tendência é perguntar: "Em que devo acreditar para ser cristão, judeu, muçulmano, hindu ou budista?" "O que devo fazer para ser...", outra pergunta igualmente importante, acaba caindo no esquecimento.

A nossa era padece de uma racionalização excessiva, e precisamos resistir às explicações reducionistas dos mistérios da vida. Não é de admirar que a nossa cultura se encontre deprimida. Nela, resta cada vez menos espaço para o milagre e o mistério. A solução não é ser crédulo ou incoerente, mas colocar o intelecto no seu devido lugar. Uma das coisas que precisamos afirmar é que o Espírito opera por intermédio da matéria. Há pouco tempo, escutei a seguinte discussão sobre as "experiências de quase morte". Uma pessoa falava sobre a sensação de abandonar o corpo, a sensação de abençoado bem-estar. Cética, a outra retrucou que tudo era fruto da falta de oxigênio: "O cérebro agonizante fica privado de oxigênio. Isso deixa os neurônios em polvorosa na tentativa de restaurar a normalidade." O primeiro argumentou: "Por que uma 'explicação' dessas invalidaria a experiência? Vivemos uma era na qual descrições se disfarçam de explicações. É claro que as experiências possuem reações bioquímicas correspondentes. O que você esperava? É assim que Deus trabalha". Deus cria o corpo, a mente e o espírito, e o que fazemos com eles, como nós os "usamos", faz toda a diferença.

Este guia maravilhoso fornece profundas afirmações sobre o mistério da vida. Tais afirmações não eliminam o sofrimento e a adversidade, mas os enquadram numa visão mais ampla e generosa da vida, que nos permite viver com esperança.

Enfim, uma palavra de gratidão. Pessoalmente, este livro me chegou como uma afirmação. Por motivos de saúde, resolvi adotar um regime que exigiu mudanças de alimentação e estilo de vida. Pratico yoga todos os dias, além de outras técnicas para reduzir o stress. Exercito-me com maior regularidade. Juntas, essas práticas provocaram uma revolução espiritual interior. Agora me sinto abençoado por começar a praticar, de maneira renovada, tudo em que acreditei a vida inteira. Creio que este livro ajudará outras pessoas determinadas a colocar em prática o que há muito aguardava em seus corações. Para ajudar nessa jornada, basta lembrar o conselho

de São João da Cruz: "No final, seremos julgados em amor."
Toda a nossa prática está a serviço do amor.

— Alan Jones
Deão da Catedral da Graça
San Francisco

INTRODUÇÃO

Catarina de Siena escreveu que "não se alcança a oração perfeita com muitas palavras, mas com um terno desejo [...]. Tudo o que se faz pode ser uma oração" – e é essa intenção, acompanhada do terno desejo de oferecer uma prova das possibilidades criativas da oração, que jaz no coração deste livro. Durante a pesquisa e redação de *Celebrações Espirituais*, orei para fazer jus às práticas aqui descritas num formato que fosse claro e estimulante. Eu pretendia homenagear não só essas tradições, mas as pessoas que com grande generosidade compartilharam seus relatos sobre como tornaram essas práticas, ou seus elementos, muito especiais.

Como é evidente pela variedade de práticas aqui descritas, adotei um conceito eclético de "oração" – o que se justifica pela convicção de que é possível enriquecer a nossa vida espiritual, quando enxergamos a prática da oração com maior abrangência. Nas mais diversas culturas, como lembra o antropólogo cultural Angeles Arrien, a "oração" é um meio de expressar um desígnio sagrado. Talvez o condicionamento religioso da infância seja um obstáculo para expressarmos os desígnios sagrados com espontaneidade; em geral consideramos a oração uma obrigação diária, um impulso emocional que se encaixa em alguma brecha sob o leque do acrônimo ACGS – adoração, confissão, graças, súplica – ou até mesmo como uma simples "conversa com Deus". Embora esses pontos de vista tradicionais possam continuar saciando a sede espiritual de certos praticantes durante toda a vida, para outros a oração costuma se tornar repetitiva e árida. Ao abraçar a exploração de todas as possibilidades da oração por meio do estudo das práticas usadas em diferentes culturas ao longo do tempo, é possível descobrir novas maneiras de encontrar o Divino que enriquecerão a nossa experiência e, também, o nosso entendimento.

Numa era na qual temos acesso a uma quantidade inaudita de informação atual e histórica, despontam novos diálogos sobre a apropriação de diferentes tradições. Isso pode levar a uma espécie de inconstância espiritual. Para seguir essa analogia, nunca fomos tão livres para escolher e eleger novos parceiros com quem dançar ou jantar (mesmo sabendo pouco a respeito do seu passado ou caráter), sem nos comprometer com um relacionamento monogâmico. E os sábios de todas as grandes tradições de fé sempre aconselharam que, para mergulhar verdadeiramente na vida espiritual, é necessário a disciplina de um caminho único.

Seja qual for a posição que se tome nesse debate, existe uma diferença entre religião e oração. O propósito deste livro não é incentivar a promiscuidade da prática espiritual, e sim inspirar a fidelidade à prática da oração. Ao ampliar o campo onde exploramos o Divino, conseguimos expandir a percepção espiritual. Assim, a oração não se transforma em algo que fazemos exclusivamente na igreja ou no templo, ajoelhados à noite, tampouco quando barganhamos com Deus para que ele nos consiga uma vaga de estacionamento ou nos tire de uma encrenca. A oração é a trama protetora na qual vivemos a nossa vida, e tudo o que fazemos tem a vocação para ser piedoso.

É claro que o conceito de oração varia de acordo com o conceito de Deus de cada um – quer se pense que Deus está além ou dentro de nós, ou qualquer combinação indefinível entre ambos. Para citar apenas duas outras considerações teológicas, há também a questão da Trindade cristã e do panteão de deuses na tradição hindu. Nesses sistemas de crenças, diferentes entidades – ou aspectos de Deus – são evocados na oração de acordo com diferentes propósitos.

Em respeito a essas diferenças fundamentais, a definição de oração com a qual trabalho aqui não é tanto comunicar com o Divino (embora a oração certamente possa incorporar isso), mas *comungar* com o Divino – usar a oração para se colocar na presença de Deus. Para uns, isso deverá sugerir um relacionamento com Deus; para outros, significará que as identidades espirituais são manifestações de Deus.

Recorrendo à metáfora das práticas de oração como alimento da alma, pense neste livro como um cardápio pendurado na vitrine: ele fornece uma descrição na medida certa para dar água na boca, às vezes incluindo o que outras pessoas comentaram sobre o sabor do prato, mas não o sabor da refeição completa. Dito isso, espero que a minha intenção fique clara: fornecer um compêndio de práticas de oração com informações suficientes para que se reconheça as tradições culturais por trás delas, oferecendo, ao mesmo tempo, um convite à exploração mais profunda. As sugestões fornecidas no final de cada capítulo são inspiradas nas práticas narradas, e convidam o leitor ou a leitora a avaliar os elementos que podem ser incluídos na sua atual rotina de oração. Retomando a analogia do cardápio, este livro pretende incentivá-lo a descobrir novos ingredientes para a oração – e confia que você criará uma receita toda especial para combiná-los. A minha esperança é que *Celebrações Espirituais* inspire e estimule você a se aprofundar mais, dar prosseguimento às descobertas, iniciar a própria pesquisa e regozijar na experiência pessoal de cada prática que cativar o seu interesse.

Regozijo é a palavra-chave aqui, pois ela deriva da expressão em latim que significa "júbilo". Deveríamos contemplar a oração – e o nosso Deus – com alegria; como aconselha o Irmão David Steindl-Rast no livro *Gratefulness: The Heart of Prayer:* "Nunca é tarde demais para reconquistar a devoção que, para nós, é tão natural quanto respirar. A nossa criança interior permanece viva. E a criança interior jamais perde o dom de enxergar com os olhos do coração, de combinar concentração com surpresa e, portanto, de orar sem cessar. Quanto mais permitimos que a criança interior mostre o seu valor, mais nos tornamos maduros em nossa vida de oração."

Enfim, da mesma maneira como o conceito e a relação com o Sagrado são tão extraordinariamente únicos quanto nós, assim será a nossa vida de oração. Quer você adote uma prática de oração ou use muitas, a forma sempre é precedida pela função; e a função da oração é transcender a experiência terrena e alcançar o Sagrado. Quando escolher os meios para fazê-lo – independentemente do caminho de fé que seguir – é útil recordar as palavras encontradas no Novo Testamento, 1 Tessalonicenses 5:21: "Julgai todas as coisas. Retende o que é bom."

AFIRMAÇÕES

Como Usar os Dons de Deus

*A alma é tingida na cor dos pensamentos.
Pensai somente nas coisas coerentes com os vossos
princípios e que sejam capazes de suportar a luz plena do dia.
A essência do vosso caráter é escolha vossa. Dia a dia,
o que escolheis, o que pensais, e o que fazeis,
é quem vos tornais...*

— Heráclito

Como um número de disciplinas que se tornou diluído, até deturpado, devido à popularidade da sua prática, a palavra *afirmações* também pode levantar suspeitas ou incitar eufóricos testemunhos da sua eficácia. Algumas lendas sobre as afirmações já fazem parte do folclore moderno: o cheque de dez milhões de dólares por "serviços de ator prestados" que Jim Carrey assinou para si mesmo, poucos anos antes de virar notícia por assinar um contrato daquela exata quantia; a disciplina de Scott Adams, criador do *Dilbert*, para escrever diariamente: "Eu serei um cartunista sindicalizado" – com o resultado de que não só Adams se tornou um cartunista sindicalizado mas, graças a uma agressiva campanha publicitária, um milionário também.

As afirmações tais como as conhecemos foram expostas aos olhos do público no século XIX por meio do trabalho do farmacêutico francês dr. Emile Coué. Na década de 1870, Coué se tornou fascinado pelo poder da mente, passando a praticar uma "terapia de condicionamento mental" na própria clínica independente. Uma das primeiras e mais conhecidas frases definidas como afirmação foi cunhada por Coué: "Todos os dias, sob todos os pontos de vista, estou cada vez melhor." Como esse exemplo demonstra, as afirmações eficientes seguem regras similares: elas se concentram em um objetivo específico (como a do cartunista Adams); usam o tempo presente ("Eu amo e aceito a mim mesmo"); são positivas e focadas no resultado desejado ("Eu me sinto maravilhoso e irradio saúde perfeita"); são curtas e facilmente memorizáveis; e são repetidas em voz alta ou escritas diversas vezes por dia durante semanas – em geral, até mais tempo.

Apesar da afirmação ser uma ferramenta psicológica comprovada para estimular o sucesso – ela é usada em conjunto com a visualização pelos profissionais mais importantes de todas as áreas, incluindo administração, esportes e entretenimento – as suas origens remontam a contextos mais antigos e espirituais. De fato, como os autores Willis Harman e Howard

Rheingold escreveram em *Higher Creativity*: "Nas religiões institucionalizadas, a oração provavelmente surgiu como um exercício prático da afirmação, mas degenerou para um ritual de súplica ou penitência dedicado a um ser secundário qualquer. Contudo, aqueles cuja devoção os guia para o verdadeiro sentido sob a forma aparente das orações de suas religiões, acabam concluindo que não se trata de um sistema para emitir mensagens, mas de um diálogo entre o eu e o Eu, um canal para a mais sábia das nossas personalidades ocultas."

De acordo com o mestre espiritual Paramhansa Yogananda, que há cerca de 50 anos escreveu um livro sobre afirmações intitulado *Scientific Healing Affirmations*,

O Senhor ajuda quem ajuda a si mesmo. Ele lhe concedeu força de vontade, concentração, fé, razão e bom senso aos quais recorrer para tentar se livrar das aflições físicas e mentais; quando apelar a Ele, você deve empregar todos esses poderes simultaneamente.

Conforme proferir as orações ou afirmações, acredite sempre que está usando *os seus próprios* poderes, embora concedidos por Deus, para curar a si e aos outros. Peça a ajuda Dele; mas compreenda que você mesmo, como o Seu filho querido, está usando os dons da vontade, da emoção e da razão Dele para solucionar todos os problemas difíceis da vida. Deve-se atingir um equilíbrio entre a noção medieval de dependência absoluta de Deus e a visão moderna de estrita confiança no ego.

Quando usadas como prática de oração, as afirmações ajudam a enfocar o Divino e afirmar a nós mesmos como seres espirituais com poder criativo. Empregar a fórmula das afirmações do tipo "eu sou" repercute o nome de Deus: "EU

SOU O QUE SOU." É crucial ser cuidadoso com o que segue a construção "eu sou", porque um grande poder reside nessa sentença declarativa. É correto utilizá-la para afirmar aquilo que você deseja melhorar em sua vida, não para exprimir aquilo com que está insatisfeito.

Shakti Gawain, autora de *Creative Visualization**, e Louise Hay, autora de vários livros, incluindo *You Can Heal Your Life*, são duas escritoras contemporâneas que ajudaram a introduzir a prática das afirmações no uso popular, e inclusive predominante. Hay também elaborou um compêndio de afirmações de cura para tratar doenças específicas, acreditando – como sobrevivente do câncer – que o que dizemos para nós mesmos tem de fato o poder de afetar a saúde positivamente. Escreve Hay: "Aprendemos que cada evento na nossa vida corresponde a um padrão de pensamento, que o precede e mantém. Os padrões de pensamento consistentes dão origem às nossas experiências. Portanto, ao mudar os padrões de pensamento, podemos mudar as nossas experiências."

Fantasias da Nova Era? Não quando enquadramos essas ideias no contexto da escritura sagrada do Novo Testamento que, em Filipenses 4:8, prega que "tudo o que é verdadeiro, tudo o que é nobre, tudo o que é correto, tudo o que é puro, tudo o que é belo, tudo o que é admirável – se alguma coisa é excelente e louvável – pensai em tais coisas". Aqui, ao que parece, somos solicitados a afirmar "eu sou uma expressão única e valiosa de Deus", não a lamentar "eu sou gordo demais". Embora todos conheçamos o verso infantil que proclama "pa-

---

* *Visualização Criativa*, publicado pela Editora Pensamento, São Paulo, 1990.

lavras não podem me ferir", os praticantes das afirmações acreditam que as palavras podem ferir se as repetirmos com regularidade suficiente – especialmente quando acreditamos que elas são verdadeiras. Em Mateus 21:22, Jesus explica por que deveríamos vigiar as palavras com tanto cuidado: "E tudo quanto pedirdes em oração, crendo, recebereis."

Sugestões para iniciar a exploração

- Escolha uma circunstância da sua rotina que você considera um obstáculo para a vida espiritual – como sentir que não sobra tempo para ir à igreja ou templo, ou se voluntariar para uma causa na qual acredita; passar tempo demais assistindo televisão em vez de se dedicar a leituras edificantes; ou não programar uma escala constante de oração e meditação. Crie afirmações que o apoiarão nessa iniciativa – por exemplo: "Eu gosto do meu horário, que concede tempo para eu me dedicar a atividades que alimentam a alma." Ou: "Quando desligo os canais da televisão, os canais do bem e os canais de Deus se abrem na minha vida."
- Cerque-se de afirmações – coloque-as nos espelhos, na agenda, no painel do carro, no computador do trabalho.
- Inicie um diário de afirmações, e mantenha um registro das mudanças que você viu ocorrer na sua vida.

ALTARES

Um Lugar para Aperfeiçoar a Alma

Com o auxílio de um altar, incluindo os objetos ali dispostos e os atos realizados ao seu redor, uma pessoa pode invocar e manter uma relação com o transcendente. É um local para convidar, conversar e conhecer a Deus. É um local de aspiração e dedicação aos ideais. É um local para guiar e aperfeiçoar a alma.

— EDWARD SEARL

Os altares são tão antigos quanto a própria civilização e, acompanhando o nosso desenvolvimento social, psicológico e teológico, o uso dos altares evoluiu passo a passo com os seres humanos. A palavra *altar* deriva do latim *adolere*, que significa "arder". De fato, como o dicionário ainda nos lembra, a definição clássica para altar é "uma estrutura em geral elevada, local onde se oferece sacrifícios ou se queima o incenso em adoração". Historicamente, os altares foram usados nessa mesma ordem pelas sociedades primitivas, para ritos ocultos e fundados no medo que, às vezes, envolviam sacrifícios de vida e, mais tarde, como uma plataforma para objetos sagrados específicos da religião praticada (aliás, geralmente disponíveis apenas àqueles proclamados como os intermediários do Divino). Hoje, os altares atravessam um processo de renascimento na sociedade ocidental, e estão sendo usados de maneiras novas e criativas, que são ao mesmo tempo fortalecedoras e profundamente personalizadas. Criar um altar pessoal é uma prática que seguimos de maneira espontânea, instintiva. Quer sejam considerados altares ou não, a maioria das pessoas possui coleções de objetos pessoais importantes em casa, tais como porta-retratos de entes queridos, velas especiais ou flores frescas em um vaso bonito, além de lembranças valiosas de um amigo ou parente estimado. A única coisa que distinguiria tais arranjos do que muitos chamam de seus altares pessoais é a simples intenção consciente por trás deles.

Tanto nesse tipo de disposição quanto num altar pessoal, os objetos escolhidos para exibição são lembretes visuais do que há de mais bonito, verdadeiro e precioso na vida. O que transforma um arranjo de centro de mesa num altar é a intenção de tornar aquele espaço sagrado, de usá-lo como um local onde reconhecemos o Deus da nossa imaginação. O altar, então, se transforma num estímulo sensorial para mudar a maneira como tratamos a nós mesmos, a vida, as esperanças e os medos; diante dos altares pessoais, realmente sacrificamos ou dominamos as formas-pensamento inferiores ao alterar a consciência para honrar um Poder Superior.

Eleanor Wiley é uma terapeuta da fala, aposentada, que atualmente organiza e comanda workshops sobre rosários de oração contemporâneos no mundo inteiro. A casa vitoriana e o ateliê estilosos de Eleanor são repletos de altares e cantinhos de meditação; trata-se de uma prática de oração à qual ela se dedica desde os 7 anos. Explica Eleanor: "Os altares são meios de lembrar que a vida é sagrada como um todo. A minha primeira visita a Bali transformou isso numa coisa mais consciente, porque os balineses veneram cada faceta da própria vida; eles não excluem nada.

É importante ter representações de todos os caminhos de fé ao meu redor, e no altar principal – que inclui fotos da minha família, de Nelson Mandela, de um monge que conheci na Tailândia e do Dalai Lama; um boneco vestido de Ganesh da Índia; uma cruz de El Salvador e uma estatueta dourada de um peixe que traz inscritas as palavras "Celebre a vida" – eu guardo lembranças das coisas maravilhosas e também terríveis que aconteceram na minha vida. Muitos desses objetos naquele altar me recordam de que só temos o presente.

"Quanto aos altares, creio que é realmente importante ressaltar que as pessoas não precisam sair e arranjar algo especial para esse fim – qualquer coisa serve. Trata-se mais de preparar um espaço sagrado do que supor que ele deve ter determinada aparência. O motivo para ter tantos altares é mantê-los na consciência – de maneira que, ao vê-los, me concentro no momento presente e recito uma oração."

Além de incluir elementos que lembram alguém, desde figuras inspiradoras até amigos, parentes ou animais queridos, os itens dispostos em um altar pessoal podem ter significados simbólicos. No livro *Altars Made Easy*, a autora Peg Streep descreve uma série de procedimentos que se pode usar criteriosamente para criar um altar pessoal. Por exemplo, decidir colocar um altar numa determinada direção pode ser importante para o foco espiritual de alguém, assim como a tradição e a simbologia por trás dos diferentes números, cores, representações de animais, pedras, flores, plantas e ervas.

Aliás, os altares podem ser criados de acordo com intenções específicas. Quando se cruza as portas de lojas cujos proprietários são asiáticos, com frequência se vê pequenos altares elevados, repletos de incenso e oferendas como flores e tangerinas. Durante a comemoração mexicana do Dia dos Mortos, os ancestrais que não estão mais vivos são celebrados com ricas *ofrendas*, que incluem velas, cravos, ícones religiosos e as comidas e bebidas favoritas do ancestral, além de pães doces em forma de gente e caveiras de açúcar.

Como Denise Linn sugere em *Altars: Bringing Sacred Shrines into Your Everyday Life*, as possibilidades para os altares são tão diversas quanto os interesses de uma vida humana. Pode-se construir altares para o amor, a fartura, a fertilidade, a criatividade; para novos relacionamentos, um novo casamento, ou um novo filho; para lembrar alguém que faleceu ou para lamentar o término de uma relação; para comemorar e definir metas para aniversários, bodas, férias ou um novo projeto. O mesmo altar também pode ser usado para acolher os vários desejos e interesses da vida de alguém. Independentemente da abordagem ou das práticas, todos nós tocamos o solo comum – e sagrado – quando criamos um altar pessoal. Nas palavras da escritora e fotógrafa Jean McMann, que constrói altares desde os 8 ou 9 anos de idade:

"Ao montar e celebrá-los, nós damos forma ao mundo visível e invisível."

Sugestões para iniciar a exploração

- Dê uma olhada em volta do seu ambiente doméstico. Repare nos arranjos que você já colocou em ordem. Algum deles representa a sua concepção do Mistério? Você pode ter um altar montado, sem reconhecê-lo conscientemente como tal.
- Do contrário, selecione criteriosamente os objetos que irão auxiliá-lo na sua vida de oração. A lista pode incluir uma vela, um livro das escrituras sagradas ou de poesia, ou flores frescas. Retorne a esse local para orar e meditar e, acaso se sinta estimulado a fazê-lo, aumente a coleção de altares.

AMULETOS

Lembranças do Mais Sagrado

Toda jornada divina é uma jornada simbólica...

— Laleh Bakhtiar

Imagine só: um anjo de estanho; uma medalha de cobre representando Ganesh, o deus hindu com cabeça de elefante; um olho de vidro azul que é um talismã contra mau-olhado; um escaravelho de argila; um pingente de quartzo rosa; uma noz entalhada com os 108 retratos de Buda. Embora usar ou portar amuletos possa parecer um capricho materialista da geração do movimento Nova Era, essa prática é tão antiga quanto a própria história da humanidade. Toda cultura e toda religião importante do mundo têm um jeito particular de incluir amuletos na prática espiritual, apesar de existirem diferentes interpretações quanto ao motivo e o momento de usá-los. Mesmo que nem sempre percebamos, nós usamos amuletos durante a vida inteira, atribuindo valores sentimentais ou simbólicos a objetos inanimados; uma aliança de casamento, que lembra quem a usa dos votos de amor feitos a outra pessoa, ou uma caneta "da sorte" recebida na formatura com as bênçãos de um futuro promissor.

O naturalista romano Plínio foi o primeiro a descrever diferentes tipos de amuletos, observando uma diferença entre aqueles que propiciavam efeitos benéficos ou de cura ao portador e aqueles que cumpriam uma função protetora. Como George Frederick Kunz escreveu em 1915, na obra *The Magic of Jewels and Charms*: "Às vezes é difícil estabelecer uma fronteira rigorosa e precisa entre as duas categorias, pois tudo que conduz à felicidade e ao bem-estar do homem também afeta a saúde física." Outros empregaram o termo *talismã* para se referir a um amuleto que repele as influências negativas e *amuleto* como um talismã que funciona como um ímã para o bem – apesar de, curiosamente, a palavra amuleto derivar do latim *amuletum* ou *amoletum*, que significa "meio de defesa".

O uso de amuletos pode se tornar uma prática de oração quando o objeto implica uma comunicação com o Divino ou é imbuído de uma lembrança daquilo que é mais sagrado para o portador – embora se possa argumentar que qualquer intenção por trás do amuleto é uma oração em si. Os antigos egípcios eram grandes adeptos dos amuletos, muitos dos quais representavam divindades egípcias; os antigos pagãos também usavam estatuetas dos seus deuses. Pedaços de papel que guardavam citações de textos sagrados religiosos – incluindo a Torá, o Novo Testamento e o Alcorão – eram carregados em invólucros que serviam de amuletos; hoje, mezuzás com inscrições de versos do Velho Testamento são fixadas nas portas dos lares judaicos como prova e lembrança da sua fé.

Os fetiches esculpidos das culturas indígenas prestam homenagem às virtudes sagradas incorporadas pelo sujeito; as pedrinhas de oração budistas representam uma variedade de figuras espirituais. Os amuletos islâmicos são adornados com a caligrafia dos versos sagrados ou uma lista dos atributos de Deus; os católicos usam medalhas que representam os diversos santos padroeiros para sentir bem-estar. As bijuterias contemporâneas do tipo OQJF* – e as subsequentes réplicas OQBF – lembram o portador de perguntar "o que Jesus (ou Buda) faria" em circunstâncias adversas.

Para Celeste Smeland, artista e curadora voluntária, usar um amuleto rendeu frutos espirituais durante uma década. Por mais de dez anos, ela usou em torno do pescoço um pingente de turmalina melancia – cujo nome deriva da gradação de cores do verde ao vermelho. Segundo ela, trata-se de uma oração e um lembrete para manter o coração aberto.

Celeste partilha a sua história: "Em 1990, o meu companheiro de longa data/marido/alma gêmea e eu pressentimos o início do fim do nosso relacionamento. Ao mesmo tempo que isso acontecia, vários amigos meus morreram ou estavam morrendo de AIDS. Além disso, algumas das minhas amigas sofriam de câncer – uma faleceu. Portanto, foi uma época de perdas sofridas.

"Havia essa lojinha perto da nossa casa – meio que um ponto de encontro da 'Nova Era' – com cristais, cartas de tarô

---

* OQJF – O Que Jesus Faria?

e livros. Eu a visitava com frequência, porque achava que era um recanto acolhedor para relaxar.

"Assim, conforme eu sentia o despedaçamento da nossa relação e o convívio se tornava cada vez mais difícil, me flagrei atraída por essa pequena turmalina melancia da loja. Até decidir comprá-la afinal, eu voltei e a observei muitas vezes. Simplesmente me senti compelida.

"Depois de comprar e pendurá-la no pescoço, e ela passar a repousar logo acima do meu coração, senti um calor e uma abertura do coração. Perguntei à mulher que era dona da loja do que era aquilo e se tinha uma 'função'. Ela contou que era uma turmalina melancia que funcionava como um 'abridor de corações'.

"Ora, você pode imaginar a minha surpresa. Porém, devo dizer que parecia o meu anjo da guarda à medida que eu enfrentava todas as mudanças e sofrimentos daquela separação. Sempre que a dor ficava realmente insuportável, eu segurava o cristal nas mãos ou o revirava entre os dedos, e ele sempre me fez me sentir melhor – ajudava a me concentrar. E, contudo, alegro-me em dizer que, apesar de usá-lo quase todos os dias desde então, ele nunca me pareceu místico ou poderoso – apenas suave, gentil, quente – e um gatilho que ajuda a abrir o meu coração para as possibilidades da vida e das relações pessoais."

Na China, os taoistas usam amuletos para curas e proteção em geral; enquanto os adeptos de amuletos no Japão costumam ter funções mais específicas para eles, tais como sucesso acadêmico ou segurança ao dirigir. Qualquer que seja a sua oração, você talvez descubra – assim como Celeste – que usar ou portar um amuleto abre o coração para um mundo de possibilidades.

Sugestões para iniciar a exploração

• Olhe em volta do seu ambiente doméstico. Você nota alguma coisa que já considerou ser um amuleto? Tem tendência a colecionar corações, espelhos ou vitrais para pendurar nas janelas, ou vasos? Possui uma joia que usa sempre? Passe algum tempo investigando que significado espiritual essas coisas possam ter para você no seu dia a dia.

• Se você não tiver nada que represente a sua vida espiritual, preste atenção naquilo que o atrai – o que alegra o seu coração (ou alma). Seriam rosas ou girassóis? Nas suas visões espirituais, há imagens que o fascinam? Tente procurar uma pequena representação dessa imagem e usar ou carregá-la consigo. Observe se possuir algo que você pode ver e tocar ajuda a orar com mais frequência.

ANJOS

Os Mensageiros de Deus

*Os anjos podem dar asas a
quem ora, eles transmitem as
nossas orações a Deus,
ao reino infinito onde
tudo é possível.*

— Terry Lynn Taylor

Na era moderna, a menção aos anjos varia do sublime ao ridículo, pois os anjos aparecem não só nas antigas escrituras das religiões mais importantes, mas também na cultura pop contemporânea. De canções como *Earth Angel* a programas de televisão como *O Toque de um Anjo*, de revistas como *Angels on Earth* a filmes como *Asas do Desejo*, os anjos não só andam servindo de inspiração, eles se transformaram em entretenimento.

Embora a mistura entre o popular e o espiritual talvez tenha criado certa confusão sobre o que os anjos são e como eles se encaixam na prática da oração, existe um consenso geral de que os anjos são instrumentos de Deus; a palavra *anjo* vem da palavra grega *aggelos*, que significa "mensageiro". Os anjos são encontrados nas tradições islâmica, judaica e cristã, classificados em hierarquias e, como o próprio nome implica, são considerados portadores da revelação Divina. Na maioria das culturas, eles são vistos como benfeitores que cuidam de nós, "anjos da guarda" que, às vezes, intervêm quando precisamos de uma mão amiga. Qual é o alcance do papel que eles desempenham? Há séculos, os teólogos vêm discutindo esse e outros tópicos cruciais; o poeta indiano Rabindranath Tagore fez o seguinte comentário: "Eu acredito que somos livres até certo limite, mas que, apesar disso, existe uma mão invisível, um anjo guia que, de alguma maneira, nos conduz adiante como uma hélice submersa."

Kathy Kidd, supervisora de atendimento ao cliente de uma grande companhia automobilística, descobriu por experiência própria como um anjo guia é capaz de conduzir alguém adiante. Desde que foi diagnosticada com câncer aos 44 anos de idade, trabalhar com anjos se tornou uma prática de oração importantíssima para Kathy. Ela explica:

"Depois de ser diagnosticada com o estágio IIIA de câncer de mama e em seguida me submeter a uma mastectomia bilateral, inesperadamente recebi o dom da oração. Fui diagnosticada um ano antes, mas disseram que as células cancerosas se formaram e ficaram confinadas nos dutos lácteos. Naquela época, decidi que eu tinha três opções: não fazer nada; me submeter à mastectomia, radiação e talvez quimioterapia; ou procurar um tratamento alternativo. Escolhi o último porque, na minha cabeça, eu tinha tempo para reverter o processo, já que ele foi identificado nos primeiros estágios. Mais tarde, descobri que provavelmente fui mal diagnosticada e que o processo de evolução das células cancerosas estava mais avançado do que tinha sido diagnosticado.

"Dei início a uma variedade de tratamentos alternativos, e nesse período comecei a explorar a minha natureza espiritual mais profundamente. Isso não era nenhuma novidade para mim, só que agora eu estava desesperada, e aberta a tudo e qualquer coisa. Assisti a um workshop sobre anjos da guarda. Durante a experiência, fui capaz de visualizar o meu anjo da guarda e sentir a sua energia – tão doce, que me inundou com ondas de amor e proteção. Em um dos exercícios, cada um tentou transmitir a energia do próprio anjo para as demais. Foi a minha primeira experiência de transmissão consciente de energia para outra pessoa, além de ouvir alguém descrever a sensação daquela energia. A minha parceira também sentiu a doçura e a energia feminina do meu anjo em ondas – embora nós ainda não houvéssemos partilhado as experiências individuais sobre a sensação da energia dos nossos anjos. Ela confirmou que a sua intuição daquela energia, de fato, foi idêntica. Desde então, concluí que emitimos e captamos energia constante e continuamente. Nós somos pura energia.

"Até então, eu percebia conscientemente que todos os pensamentos e crenças são escutados por Deus e são orações. Passei a ser muito cuidadosa com os meus pensamentos. Deduzi que, já que somos pura energia, então os pensamentos têm energia. Dependendo dos pensamentos – que são orações – essa energia pode ser positiva ou negativa. Nós somos uma oração viva, que vibra em todos os momentos da vida. Também confirmei essa convicção de outra maneira, que foi mais empírica do que lógica.

"Na minha experiência com o câncer, contei com pessoas que fizeram coisas por mim e resolvi retribuí-las por meio da oração. No início, por fragilidade. Fisicamente, eu estava incapacitada de fazer qualquer coisa, menos orar. Quando compreendi a beleza da energia que estava doando, comecei a sintonizar naquela energia e tive uma profunda intuição de que a vida é uma oração viva, vibrante. Quando transmito energia para os outros – orando – sei que as pessoas também estão recebendo a energia doce e relaxante do meu anjo. Ela e a minha alma são uma só. Às vezes, peço para sentir a energia dela, e uma doce onda de amor me invade. Sempre que oro, converso com ela e com Deus ao mesmo tempo.

"Comecei a orar sem precisar de uma resposta imediata. Descobri que quando entrego as dúvidas a Deus e aos meus anjos, crio um espaço aberto para as respostas chegarem no momento oportuno. Uma alma confusa que esqueceu de se purificar, aprimorar e simplificar pela oração acaba submissa à personalidade, que toma decisões que podem não ser o melhor caminho.

"Toda manhã e à noite, como parte da rotina de oração, agradeço ao meu anjo da guarda e a Deus pela orientação. Também peço a Deus que revele ao meu anjo qualquer informação necessária para me auxiliar no caminho. Oro para aprender a me abrir à sua orientação, e oro para que a minha personalidade se submeta à sabedoria dela.

"Antes ou depois da meditação, eu invoco a sua presença, a sua energia. Rezo para ela como rezo para Deus. Na verdade, a essa altura, não consigo orar para um sem incluir o outro. Entendi o quanto eles são inseparáveis – de fato, o quanto todos nós somos inseparáveis."

Como o depoimento de Kathy ilutra com tanta veemência, sentir a presença de um anjo é transformador. Considerando o papel importante que o anjo desempenha na maioria das religiões do mundo, talvez faça sentido seguir a sugestão de São Francisco de Sales: "Conhecei aos anjos e, com frequência, os contemplai em espírito. Sem ser vistos, eles estão presentes convosco."

Sugestões para iniciar a exploração

- Comece a reparar nas imagens de anjos ou textos referentes aos anjos conforme você se ocupa com a rotina do dia a dia, ou vá até uma loja especializada em produtos e livros sobre anjos. Como você se sente enquanto contempla, ou se deixa cativar por essas representações?
- Leia os relatos de quem foi visitado ou "tocado" por anjos. Ler sobre a experiência de outras pessoas inspira você a analisar a sua? Você já vislumbrou um anjo, sem perceber?
- Caso você ainda não acredite que tem um anjo da guarda, imagine se tivesse. Como isso afetaria a sua vida cotidiana? Como isso afetaria a sua vida espiritual? Se desejar avaliar melhor essa hipótese, faça uma pesquisa sobre anjos na internet e estude alguns dos inúmeros livros escritos a respeito dos anjos (algumas sugestões estão na seção "Leitura adicional", no final deste livro).

ORAÇÃO DO CORPO

Rezando no Templo de Deus

O corpo é o santuário sagrado da alma.

— ILANA RUBENFELD

Em aramaico, o significado da palavra *oração* é abrir a nós mesmos para que o Divino possa inundar a nossa vida, tanto por dentro quanto por fora. O uso do corpo como instrumento para essa abertura tem sido praticado de diferentes formas, por diferentes culturas, durante milhares de anos.

Uma das formas mais conhecidas de oração corporal – o yoga – é uma disciplina indiana de autoconhecimento que é praticada há 4.000 anos e desfruta de uma nova onda de popularidade no mundo ocidental. Derivada da palavra que significa "unir", "juntar", ou "encaixar", o yoga usa uma mistura de meditação, controle da respiração e posturas físicas para restabelecer a ligação com Deus. As posturas, chamadas *asanas*, incorporam essa intenção. Mas apesar de elogiar os benefícios físicos e emocionais dessa prática, os modernos adeptos do yoga fazem uma distinção entre usá-la como uma espécie de exercício da moda e usá-la como um caminho espiritual. Contudo, os desafios inerentes às exigências do yoga revelarão novos entendimentos, mesmo quando o propósito de alguém para estudar o yoga não é prioritariamente espiritual; deparar-se com a resistência do corpo a um movimento complicado também requer enfrentar a mente e o coração.

Os *mudras*, o posicionamento das mãos e dos dedos em posturas determinadas durante a meditação, é outra forma de oração corporal que deriva da tradição hindu. Acredita-se que os mudras não só podem provocar um estado de consciência alterada, mas também invocar a presença de determinadas divindades. Os movimentos da mão, aliás, são valorizados em diversas religiões; no Novo Testamento, somos solicitados a "erguer as mãos santas em oração" (1 Timóteo 2:8). Ao longo do tempo, as pessoas sempre empregaram movimentos corporais na oração; os romanos costumavam ficar de braços erguidos, e os primeiros cristãos rezavam com os braços levantados para reverenciar Cristo na cruz. Hoje, devotos de vários caminhos de fé elevam as mãos ou os olhos para o firmamento, inclinam a cabeça, abaixam-se, ajoelham, fazem o sinal da cruz e se prostram em oração. Para alguns, o ato de tirar os sapatos simboliza o respeito pelo solo sagrado, ou serve de meio para "aterrá-los".

Se o corpo é o templo de Deus e o espírito de Deus habita em nós, como 1 Coríntios 3:16 revela, então, usar o corpo quando se louva a Deus parece uma consequência natural.

Entretanto, para muitas pessoas, "vamos orar" é simplesmente um convite para ficar cabisbaixo, ignorando as outras possibilidades de oração incorporadas que são sempre individuais.

Certas pessoas, em reação aos severos ensinamentos religiosos que enfatizam a insignificância do devoto, se recusam a baixar as cabeças, entendendo que o gesto contraria a noção do Espírito de Deus como parte intrínseca de nós. As orações corporais integram a experiência da oração nos níveis físico, mental e espiritual. E, em função disso, novas abordagens não cessam de ser desenvolvidas o tempo inteiro. Uma prática até foi chamada de Oração Corporal, que, de acordo com o material de divulgação, é "uma forma sistêmica, ou movimento holístico, que se baseia na sabedoria e prática de muitas religiões, orientais e ocidentais, modernas e antigas [...] (tornando) possível alimentar o Corpo-Mente-Espírito com uma variedade absoluta de movimentos energéticos". As Orações Corporais celtas são semelhantes, "uma nova abordagem para equilibrar o corpo com exercícios suaves, a mente com meditação e o espírito com a oração". O DVD *The Wave*, da dançarina Gabrielle Roth – que conduz os praticantes através de cinco ritmos: fluente, staccato, caos, lírico e quietude – é um poderoso símbolo da vida em si.

Quer escolha seguir uma forma de oração corporal estabelecida ou experimentar novos métodos, é importante tornar os movimentos significativos para você mesmo. Como a história abaixo demonstra, o poder da oração corporal reside no significado pessoal.

Bruce Zuckerman é um revendedor autônomo de roupas masculinas e corredor de maratonas. A sua experiência com a oração corporal começou no final dos anos 1980, quando ele se uniu a um grupo de apoio ao alcoolismo, e o seu padrinho o aconselhou a ficar de joelhos todas as manhãs e recitar uma oração. Antes disso, a vida de oração de Bruce era inexistente: "Eu associava oração com religião, e havia rejeitado a minha religião." Mas a insistência do padrinho para que Bruce, literalmente, ficasse de joelhos todas as manhãs introduziu uma prática que agora é importantíssima para ele.

"Para mim, tudo começou de maneira muito mecânica – tipo, eu *tenho* que fazer isso. Não abracei o conceito da oração logo de imediato; durante os primeiros três anos eu apenas lia as orações. Mas depois de um tempo, descobri que comecei a dizer outras coisas – a conversar. Isso virou um ritual: pela manhã, eu ajoelho e peço ajuda; à noite, eu ajoelho e agradeço. Também, pela manhã, leio dois livros espirituais e reflito sobre a mensagem. Tento clarear a mente e ficar quieto – o que pode demorar qualquer coisa entre um e vinte minutos. Eu também carrego esses pensamentos comigo quando me exercito – é uma simples questão de fazer o necessário para enfrentar o dia. Enquanto corro, praticamente posso garantir que conversarei com Deus em algum momento durante aquele espaço de tempo.

"Todos os dias, no mínimo, eu ajoelho para me conectar. Quando durmo demais e fico sem tempo, deixo tudo para mais tarde – até já ajoelhei no banheiro e perto de uma caçamba de lixo! Faço isso por convicção de que se trata de uma parte da minha disciplina – é um pacto. Pelo menos, devo cumprir certos rudimentos: que são ficar de joelhos, pedir ajuda, reconhecer que existe uma força superior. Eu tenho que incorporar isso em algum tipo de atividade."

Independentemente do tipo de atividade que você escolher para incorporar à vida de oração, lembre-se sempre que o corpo é a morada do Divino que enriquecerá a sua experiência espiritual. A necessidade de tratar bem o nosso corpo está implícita nessa ideia; como ensinou o mestre espiritual Nisargadatta: "Não negligencie esse corpo. Essa é a casa de Deus; cuide bem dela. Apenas nesse corpo Deus pode ser compreendido."

Sugestões para iniciar a exploração

- Comece a experimentar simples movimentos corporais enquanto reza – talvez, de início, use apenas os braços e as mãos. Conforme os movimenta para representar gratidão, alegria, humildade, reverência, que mudanças você percebe internamente? Analise as sensações à medida que começar a incorporar a oração.

- Experimente uma aula de yoga ou uma aula de dança baseada no trabalho de Gabrielle Roth. Observe como incorporar movimento à vida de oração mexe com você emocional e espiritualmente.

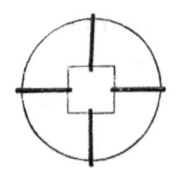

ORAÇÃO CENTRANTE

Revele a Totalidade do Ser

O silêncio interior é a base da oração. Podemos considerar a oração como ideias ou sentimentos expressos em palavras, mas isso não passa de uma expressão. A oração profunda é o abandono dos pensamentos. É a abertura da mente e do coração, do corpo e dos sentimentos – do nosso ser total – para Deus, o Mistério Supremo, além da palavra, dos pensamentos e das emoções.

— Thomas Keating

O adágio "o que era velho se fez novo" certamente é apropriado quando nos referimos à Oração Centrante, uma forma de oração contemplativa que se originou das antigas práticas de oração dos Pais e Mães do Deserto. Além dos Pais e Mães do Deserto, os praticantes incluíam o autor anônimo do século XIV de *The Cloud of Unknowing*, Santa Teresa D'Ávila, São João da Cruz e muitos outros. A prática foi reintroduzida nos anos 1970 pelos três monges trapistas da Abadia de São José em Spencer, Massachusetts – Padre William Meninger, Padre Basil Pennington e o abade Thomas Keating. Embora nos primeiros dezesseis séculos da igreja essa forma de oração fosse considerada o objetivo da espiritualidade, depois da Reforma, essa tradição efetivamente se perdeu. Devido, em grande parte, ao empenho dos três homens citados, a Oração Centrante atingiu uma fase de fervorosa renovação. Talvez, a função de cura inerente à Oração Centrante seja um dos motivos para tanto. Como Thomas Keating declarou numa entrevista de 1998 para a revista *Spirituality and Health*: "Uma das grandes vantagens da Oração Centrante é que ela equivale a tirar férias do falso eu durante vinte minutos, duas vezes ao dia... A oração contemplativa realmente é a cura do corpo, da mente e do espírito."

A Oração Centrante é o método, ou processo, usado para a oração contemplativa na tradição cristã, apesar das pessoas de todos os caminhos de fé poderem utilizar esse modelo. Como Gregório, o Grande, explicou no século VI, a sua finalidade é repousar em Deus, estar em comunhão com o Divino numa postura de silêncio. A Oração Centrante guarda certa semelhança com a meditação oriental quanto à fórmula que implica o uso de uma única palavra, repetida como um mantra: as possibilidades incluem "Jesus", "paz", "shalom", "amor", "Abba". (Por esse motivo, alguns se referiram à Oração Centrante como *monologion*, ou oração de uma palavra só.) Como um mantra, a repetição da palavra serve de ponto de foco, um marcador para o qual retornar quando se é distraído por outros pensamentos.

O primeiro passo da Oração Centrante é a intenção de estar com Deus; os praticantes da Oração Centrante recomendam fazer isso duas vezes ao dia, em sessões de aproximadamente vinte minutos cada. O formato é simples: escolha a sua palavra sagrada, acomode-se de maneira confortável, repita a palavra quando os pensamentos o interromperem durante o período de oração, depois conclua a sessão gradual e delicadamente. Mesmo que alguém sinta que ele ou ela recebeu intuições ou novos entendimentos sobre a palavra sagrada escolhida, esse não é o objetivo da Oração Centrante – e, na verdade, os praticantes são incentivados a simplesmente voltar à palavra em vez de seguir o fluxo dos pensamentos. O pensamento é visto como um obstáculo à experiência de Deus, que é a recompensa da oração contemplativa. Como escreveu o autor de *The Cloud of Unknowing*: "Acaso vos empenhais para fixar Nele o vosso amor, esquecendo todo o resto, que é a finalidade da contemplação que vos estimulei a iniciar, confio que Deus em Sua bondade vos concederá uma profunda experiência Dele próprio."

A partir dessas origens na Idade Média, a Oração Centrante chegou à era da internet; *www.centeringprayer.com* é um dos diversos sites dedicados à informação sobre a prática na rede. Depois de definir o que ela não é, em seguida os autores do site fornecem uma definição para a Oração Centrante: "Ao mesmo tempo, ela é uma relação com Deus e uma disciplina para facilitar essa relação; é um exercício de fé, esperança e amor; é um movimento que transcende a conversa com Cristo para a comunhão; ela nos habitua à linguagem de Deus, que é o silêncio."

Sugestões para iniciar a exploração

- Selecione uma palavra que tenha um significado especial para você, como *amor*, e conserve-a dentro de si em oração e meditação. Guarde a palavra com ternura; não se trata de um momento para lucubrações e racionalismo. Quando se distrair com lembranças de outras coisas, retorne calmamente à palavra que você escolheu.

- Depois de passar um tempo em oração, reflita: repetir essa palavra durante a prece aprofundou a experiência da oração?

VESTES CERIMONIAIS

Adornando o Silêncio e o Cântico

Adorai o Senhor na beleza da santidade.

— 1 Crônicas 16:29

Desde a aurora da civilização, a arte e a adoração permanecem inextrincavelmente interligadas. De maneira mais óbvia, ambas se combinam sob a forma das vestes cerimoniais, penteados, máscaras, roupas ou joias especiais que são usados para transcender o mundo cotidiano e brilhar de forma tão cativante quanto o próprio transcendente.

Dos trajes riquíssimos usados pelos antigos egípcios, chineses e povos pré-colombianos para enterrar os mortos e abençoar a sua vida no além, até as modernas vestimentas da igreja cristã, que simbolizam as promessas da Escritura Sagrada (por exemplo, os bispos e sacerdotes usam um cinto litúrgico enquanto recitam os salmos para lembrar que é Deus quem "os cinge com força"), as vestes cerimoniais provaram ser um meio universal de reconhecer o Divino.

Esses adornos variam do primitivo ao sofisticado e, às vezes, evoluíram de um extremo ao outro. Por exemplo, em obediência aos votos de pobreza, o manto dos sacerdotes budistas japoneses, que se chama *kesa*, originalmente era feito de pedaços de pano velho, até farrapos. Com o tempo, à medida que a cerimônia budista se tornou mais elaborada, por conseguinte, o mesmo aconteceu com o *kesa*. Na vizinha China, historicamente as vestes – como a arte – são adornadas com símbolos sagrados, tais como o nó eterno, um símbolo de Buda, ou as ondas que simbolizam o cosmos.

Na África, originalmente, o uso do manto *kente* era reservado às ocasiões religiosas, destinado às cerimônias que incluíam nomear crianças, casamentos e a purificação da alma. Existem mais de 300 tipos diferentes de modelos de mantos *kente*, cada um com um nome e significado especiais. As cores têm uma importância particular; por exemplo, o azul representa o Supremo Criador, já que é a cor do céu e, portanto, simboliza a espiritualidade, a paz e o amor. O preto simboliza a maturidade espiritual; por isso, às vezes os objetos rituais são pintados de preto para ganhar mais poder.

As máscaras têm uma história que remonta aos antigos gregos; encontra-se o uso de máscaras em praticamente todos os continentes. Todas as culturas na América do Sul, Austrália, África, Ásia, Europa e América do Norte usaram máscaras nas cerimônias sagradas. Nos Estados Unidos, os dançarinos mascarados e paramentados dos índios Pueblos representam *kachina*, os espíritos ancestrais deificados. Durante a comemoração anual do Dia dos Mortos no México, que acontece no início de novembro, as pessoas festejam usando máscaras em forma de caveiras.

Por que os seres humanos recorrem às fantasias ou vestes cerimoniais como forma de louvor? Talvez porque elas sejam um meio concreto de romper a rotina cotidiana para marcar, por meio da textura e da cor, uma entrada em espaço sagrado.

Como mostra a história de Lynn Baskfield, o que torna uma veste cerimonial sagrada é o significado que ela oferece ao indivíduo. Lynn é contadora de histórias, uma palestrante requisitada e *personal coach*. Amante da beleza, Lynn ficou fascinada por um par de sapatos que vira em um catálogo, todo rosa, azul, roxo e amarelo, com os bicos enfeitados com luas, estrelas e espirais douradas. Conta Lynn: "Para mim, eram sapatos mágicos e eu queria um par, mas não havia no meu número – 40. Passei a sonhar com aqueles sapatos mágicos, pensando que eu mesma poderia fazê-los se dispusesse de tempo. Algo naqueles sapatos era atraente demais – eu sabia que precisava deles para expressar uma parte de mim."

Na época, Lynn não apenas estava terminando o mestrado, mas também um livro, além de organizar workshops que aconteceriam em outro país. Ela não conseguia encontrar nenhuma brecha na agenda para fazer os sapatos mágicos – mas decidiu que pelo menos descobriria que tipo de tinta de sapato poderia usar quando finalmente conseguisse fazê-los. Comprar aquela tinta de sapato a deixou numa grande animação – e logo os potes coloridos de tinta de sapatos e tinta acrílica preta e dourada aterrissaram sobre a mesa de jantar recoberta de jornais.

Lynn recorda: "Eu me senti viva outra vez, de um jeito que o trabalho acadêmico e os prazos não proporcionavam, apesar de estimulantes. Olhei para aqueles sapatos de todos os ângulos possíveis – eu estava envolvida de corpo inteiro. Tato, olfato, visão, movimento, voz – uma dança criativa começara e eu não conseguia parar. Era o par de sapatos mais bonito e divertido que eu poderia imaginar. Eu os amarro com cadarços azul-turquesa.
"Enquanto criava aqueles sapatos, percebi que eu também criava a magia. Posso dançar com os meus sapatos mágicos. Posso cantar. Estou confiante na vida. De pé no centro exato da minha vida, no ponto fixo da roda que gira sem cessar, com os meus sapatos mágicos eu escuto o silêncio e o cântico."

Nos workshops, Lynn começou a ensinar outras pessoas a fazê-los, concluindo com um ritual no qual todos calçam os sapatos mágicos e, juntos, dão um passo à frente. Diz Lynn: "As pessoas fazem coisas diferentes com os sapatos; elas usam contas, penas, lantejoulas. Isso serve para representar os nossos diferentes objetivos. Os sapatos refletem a maneira como avançamos no caminho da vida – como encaminhamos as nossas metas."

O que Lynn considera uma prática de oração é o aspecto criativo da confecção de vestes cerimoniais, citando a frase da escritora Julia Cameron para quem "a criatividade está para a alma, assim como o sangue está para o corpo". Lynn acrescenta: "Eu não acho que importa tanto assim o que você cria, *desde* que você crie. Não precisa ser um sapato; podem ser roupas, echarpes, capas de botão. A ideia é ser ousado e expressar a sua verdade criativa: essa é a oração. Dizer sim ao eu criativo me leva para muito perto do Espírito.

"Trata-se de um processo contínuo, que enriquece a prática de oração – as mulheres dos meus workshops brincaram sobre caminhar até ao altar para receber a comunhão calçando os sapatos mágicos. Isso apenas oferece uma dimensão totalmente diferente do que a oração é e pode ser."

Ao confeccionar vestes cerimoniais, esses recursos visuais para deslocar a consciência do mundano para o sagrado, nós celebramos o Mistério. Nós nos transformamos em artistas, que trabalham com a paleta da beleza. Uma força poderosa, como lembra o teólogo britânico William Ralph Inge: "O amor da beleza é superpessoal e desinteressado, como todos os valores espirituais; ele promove o simples contentamento e a solidariedade social. Sem dúvida, é uma das três maiores virtudes, empatando com a Bondade e a Honestidade."

Sugestões para iniciar a exploração

- Existe alguma coisa que você já tenha que o faça pensar numa cerimônia sagrada? Caso contrário, pense em criar algo, assim como Lynn. Qualquer casaco, chapéu, máscara, cachecol, echarpe ou roupa são itens que você poderia criar ou reformar para marcar o tempo sagrado.
- Experimente começar o horário da oração usando a sua veste cerimonial, e sem ela. Usar a veste cerimonial enriquece a sua experiência espiritual?

CÂNTICOS

Elevando a Voz até Deus

Deus não ouve música mais doce que a harmonia retumbante do corajoso espírito humano, ressoando em imperfeito reconhecimento pelo Seu amor perfeito.

— JOSHUA LOTH LIEBMAN

Imagine-se escutando um som doce, suave, o soprano feminino de um lado e um tenor grave, ressonante do outro, enquanto você sente as notas da própria voz vibrarem dentro de si, unidas às vozes dos seus companheiros. A vibração não é apenas demasiado tranquilizante, ela é capaz de alterar a consciência de fato – alguns dizem que ela pode colocar você em contato com o Divino. Essa vibração é a essência do cântico.

A prática do cântico é encontrada em todas as maiores tradições religiosas. Os cânticos também são espiritualmente importantes para muitos povos, incluindo os índios norte-americanos e os havaianos. Desde os melódicos cânticos cristãos até as notas monocórdicas dos monges budistas tibetanos, dos ritmados cânticos africanos aos cantos litúrgicos judaicos, ela oferece um largo espectro de possibilidades musicais. Por causa dessa variedade, talvez a melhor definição de cântico seja aquela que o músico e escritor Robert Gass fornece no livro *Chanting*: "O cântico é como entoar as orações. O cântico é meditação vocal. O cântico é a respiração transformada em tons melodiosos. Cantar é descobrir o Espírito no som."

A humanidade entoa cânticos desde a aurora da civilização. Há milhares de anos, tanto os hindus quanto os budistas cantam a palavra *om*; não só a palavra é uma sílaba sagrada, como o ato de entoá-la exerce efeitos simbólicos. Como escreve Layne Redmond em *When the Drummers Were Women: A Spiritual History of Rhythm*: "O mantra sagrado OM é considerado a sílaba mãe da existência criada. Se entoada corretamente, ela faz vibrar a caixa craniana e o córtex cerebral, produzindo um som similar ao zumbido das abelhas. Esse mantra e seu som são ligados ao ônfalo, a grande colmeia – o lugar do verbo sagrado e da vibração sussurrante da vida."

Na tradição judaica, o cântico é praticado há pelo menos 3.000 anos; o cântico litúrgico era um meio de proclamar as sagradas escrituras para os membros da congregação. A igreja cristã herdou a tradição de cantar das suas raízes judaicas e desenvolveu várias escolas diferentes de cântico, incluindo os cânticos gregorianos que, redescobertos, foram aclamados numa onda de popularidade na metade dos anos 1990, quando as gravações dos monges beneditinos de São Domingos de Silos chegaram ao topo das paradas musicais.

Unir a canção aos textos sagrados proporciona um poder emocional do qual a mera fala é incapaz; permite transcender a consciência comum, racional e localizada no hemisfério esquerdo do cérebro, para outro plano de percepção. E como afeta a fisiologia por meio da vibração, o cântico pode obter excelentes efeitos de cura – de fato, alguns agentes de cura intuitivamente usam os sons, ou timbres, dirigidos às partes feridas ou debilitadas do corpo de outra pessoa.

O cântico também é considerado uma forma de mantra yoga, capaz de expandir o simples ato de orar numa rigorosa disciplina espiritual, porque incorpora o controle da respiração e posturas determinadas. Enquanto tal, acredita-se que ela seja transformativa tanto para o corpo quanto para a alma.

Outras tradições reconhecem os efeitos benéficos do cântico; como roga um cântico sikh: "Da ignorância à Realidade, conduz-me; Do embotamento à Iluminação, conduz-me; Da existência mortal à Imortalidade."

Quer alguém pratique um sistema convencional de cânticos ou decida experimentar entoar uma palavra ou frase espiritual para enriquecer práticas de oração tradicionais, as vibrações que reverberam interna e externamente afetarão a compreensão do Sagrado da pessoa. Como ensina o Talmud (Tikkune Zohar 45a): "Existe um Templo no Paraíso que só se abre com uma canção."

Sugestões para iniciar a exploração

- Experimente usar uma vocalização durante o período de oração e meditação. Você pode começar com qualquer palavra que considere especial: "Deus", "Cristo", "amor", "paz", "om". Enquanto cantar, acompanhe a vibração dentro do seu corpo. Sente alguma emoção aflorar? Por fim, reflita sobre as experiências.

- Pesquise as oportunidades de cantar em comunidade, assim como um culto Taizé (descrito mais adiante no livro). Quando cantar com outras pessoas, preste atenção em todos os aspectos da experiência – incluindo os físicos e emocionais.

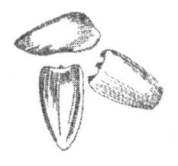

DESPACHOS

Oferendas de Gratidão

*Toda boa dádiva e todo dom perfeito vêm do alto,
descendo do Pai das luzes, em quem não pode existir variação
ou sombra de mudança.*

— Tiago 1:17

Pétalas de flores, doces, folhas de cacau, sementes de quinoa, gordura de alpaca – essa curiosa combinação de itens inclui alguns elementos que podem ser encontrados no ritual xamanístico andino de oferenda conhecido como *despacho*. Embrulhados dentro de uma grande trouxa, esses pacotinhos de papel – cada um contendo um único ingrediente – são abertos cerimonialmente pelos xamãs, que atuam como sacerdotes ou curandeiros; cada ingrediente significa uma bênção especial da vida. Às vezes, o desembrulhar dos *despa-*

chos é acompanhado por um rito comunitário no qual cada membro sopra um punhado de folhas de cacau para dedicar os seus bons votos ao outro, e depois as trocam entre si como símbolos tangíveis das orações.

Reunir objetos simbólicos para representar as bênçãos ou orações para uma vida boa é uma prática que se repete numa infinidade de contextos culturais – tal como os pequenos invólucros de proteção portados no México e no Peru para trazer bons augúrios. Nos dois países, inclui-se a semente vermelha do huayruru para dar sorte, e ambos acrescentam representações ou símbolos dos santos – no México, São Martinho, o cavaleiro famoso pela caridade com os pobres; no Peru, uma vassoura que simboliza São Martin de Porres, um santo negro de Lima que é homenageado como protetor das crianças e também dos miseráveis em toda a América Latina. Sementes de trigo são adicionadas ao invólucro peruano de boa sorte para atrair fartura de alimento. No invólucro de proteção mexicano, o ímã, ou *Piedra Iman,* é usado para atrair bons fluidos.

Do tamanho de uma boneca, os frascos peruanos e guatemaltecos feitos por médicos leigos ou *curanderos* são bastante parecidos. No frasco guatemalteco, pode-se encontrar sementes de mostarda para proteger alguém contra todos os males; a *piedra de ara*, uma rocha cinzenta que atrai dinheiro; e a *flor de Hermano Pedro*, ou "flor do Irmão Pedro", uma flor marrom que cura os enfermos. Incluem-se imagens de santos para obter diferentes resultados: Santo Antônio beneficia a vida amorosa da pessoa; São Judas auxilia com as finanças; São Simão ou Maximon – um santo popular da Guatemala – pode ajudar alguém a parar de beber ou fumar.

Nos frascos da sorte peruanos, é possível encontrar cristais para atrair dinheiro; cascas de árvores coloridas para a saúde; e, para quem perdeu um namorado ou amigo, uma vinha amarela e retorcida chamada "Vuelve, vuelve", que ajuda o portador a reconquistar o afeto perdido. Todo frasco da sorte contém ainda uma figura de santo pintada e talhada em alabastro, cada qual desempenhando um papel diferente no reino da vida. Uma figura marrom representa São Francisco, o santo padroeiro dos animais; uma figura amarela, São Cipriano, o santo padroeiro dos agentes de cura; uma azul, Santo Antônio, o padroeiro dos enamorados. O crânio representa proteção no lar; um punho fechado representa a *Mano Poderosa* de Cristo, que também protege. Uma figura branca representa o fruto do conhecimento ou sabedoria.

Essas tradições coloridas dos ingredientes simbólicos inspiraram Caterina Rando, palestrante motivacional, escritora e *life coach*, a fazer algo especial para comemorar o seu 35º aniversário. Como acabara de passar as festas de Ano Novo em Machu Picchu, no Peru, onde tomou parte nos rituais nos quais os xamãs desembrulhavam os *despachos*, Caterina convidou três das suas melhores amigas para participar de uma celebração especial ao ar livre – trouxera consigo um *despacho* da viagem milenar ao Peru exclusivamente para a ocasião.

Caterina criou um espaço sagrado colocando um cobertor do Vale Sagrado dos Incas no chão em reconhecimento ao Espírito e a todos nós, como seres espirituais. Cercou a área com conchas trazidas da Sicília, terra natal dos seus ancestrais. Caterina amarrou uma fita roxa em torno do pulso de cada mulher, para homenageá-las como irmãs de alma, que caminham ao seu lado e a orientam. Também espalhou folhas de louro ao redor – substitutas para as folhas de cacau usadas pelos xamãs no Peru – e acendeu uma vela. Em seguida, o *despacho* foi aberto: uma grande trouxa recheada com outras menores, amarradas com barbante. Uma a uma, as mulheres se revezaram ao abrir os embrulhos e interpretar os conteúdos para criar orações para Caterina. Quando abriram um embrulho que continha açúcar, a bênção foi: "Que a sua vida seja plena de doçura"; um pacote de confete: "Que a sua vida seja plena de diversão e alegria." Cada vez que se abria uma trouxa, uma pitada do conteúdo especial era oferecido à terra para reverenciar a prática dos xamãs peruanos, com quem Caterina aprendera sobre os *despachos*.

"Aquilo realmente foi uma cerimônia espiritual", lembra Caterina. "Foi um ritual não para celebrar a minha vida apenas, mas para firmar a intenção para o ciclo que se iniciava, testemunhado pelas mulheres sábias e influentes com quem convivo.

"Eu adorei o processo criativo – a escolha de todos os elementos necessários foi muito criteriosa. Senti que ele me colocou em contato com o meu Poder Superior e com o poder dentro de mim. A parte mais incrível foi ver todo mundo abrir os pacotes e partilhar as próprias interpretações e bênçãos – foi um presente e tanto! Foi maravilhoso criar o meu próprio ritual original, além de incorporar o *despacho* dentro dele. Também adorei *não* realizá-lo da maneira como "deveria ser feito" – na verdade, transformá-lo numa coisa só minha foi muito mais significativo e impactante para mim do que realizá-lo do modo tradicional."

Quando se altera o foco para enxergar todos os dons que nos rodeiam – e ao observar as mensagens espirituais que recebemos com frequência por intermédio de representações simbólicas como as oferendas do *despacho*, conseguimos aumentar drasticamente a sensação de contentamento interior. Como observa o provérbio sufi: "A abundância pode ser obtida quando simplesmente se recebe de maneira consciente o que já foi dado."

Sugestões para iniciar a exploração

- Comece a pensar metaforicamente nos objetos cotidianos que o cercam. Você consegue ver uma moeda que achou na rua como uma representação de que as suas necessidades financeiras estão sendo atendidas? Grãos de café podem representar alguma coisa amarga que se transforma em algo que lhe dá energia? Os caroços de pipoca podem representar a possibilidade de alguma coisa explodir de entusiasmo? Você consegue ver as sementes de girassol como algo que alenta em muitos sentidos, trazendo flores e alimento também?
- Embrulhe alguns desses itens em papel – escolha um belo papel colorido ou estampado, se preferir – e coloque tudo dentro de uma vasilha. Quando você orar para solucionar um problema ou dúvida, apanhe um dos pacotinhos de maneira aleatória e abra. O que será que Deus estará lhe dizendo por esse meio?

ELEMENTOS

As Origens Quádruplas de Todas as Coisas

Salve o mar! Salve as ondas!
O dilúvio do fogo sagrado a jorrar!
Salve a água! Salve o fogo!
A mais estranha aventura saudemos em coro!
Salve a brisa que ora sopra em liberdade!
Salve as criptas terrestres repletas de mistério!
Que sejam eternamente celebrados todos os quatro elementos!

— Johann Wolfgang von Goethe

No século V, Empédocles, um filósofo, médico leigo e cientista grego que vivia na Sicília, concebeu um sistema que provoca reverberações contínuas até hoje. Ele pressupôs que toda a matéria é composta de quatro elementos – terra, ar, fogo e água – e que esses elementos não são apenas fenômenos físicos, mas também essências espirituais.

Quando escreveu o tratado *Tetrasomia* (Doutrina dos Quatro Elementos), Empédocles descreveu as características desses elementos: o fogo e o ar se voltam para cima e para fora, e portanto são focados para o exterior; a água e a terra são focados para o interior, virando para dentro e para baixo. Na sua filosofia, as duas grandes energias da vida são o amor e o conflito, e ambos influenciam a interação entre os quatro elementos.

Desde então, a filosofia dos quatro elementos influencia a astrologia, a meditação alquímica e a prática Wicca. Os povos indígenas norte-americanos veneram os quatro elementos, neles reconhecendo padrões para todos os aspectos da vida: bebê, criança, adulto, ancião; físico, mental, espiritual, emocional. E apesar de originário do Ocidente, o conceito dos elementos tem as suas correspondências orientais: na antiga China, acreditava-se que os componentes básicos eram a terra, a madeira, o metal, o fogo e a água. Na Índia, os elementos escolhidos foram a terra, o espaço, o ar, o fogo e a água.

Aliás, os elementos influenciaram o campo da psicologia moderna. O antigo médico grego Hipócrates dividiu as personalidades em quatro humores – sangue, fleuma, bílis amarela e bílis negra. Cada um dos humores representava diferentes temperamentos – entusiasta, apático, volúvel, melancólico – os quais, em contrapartida, se relacionam com o fogo, a terra, o ar e a água, respectivamente. Presume-se que a categorização da personalidade em quatro componentes (intuição, sensação, pensamento e sentimento) do psicólogo suíço Carl Jung se deriva da teoria dos elementos.

Tudo isso diz respeito ao espiritual, a partir da teoria de que o desenvolvimento interior de alguém é relacionado à interação entre todos os elementos da psique – independentemente se eles, usando a terminologia de Empédocles, coexistem em amor ou conflito. Na astrologia, cada signo do sol ou do zodíaco é associado a um elemento; há os signos do fogo, da terra, da água e do ar. Cada um possui atributos correspondentes que demonstrarão as tendências naturais de uma pessoa nascida sob determinado signo. Por exemplo, capricórnio é um signo da terra; como esse elemento sugere, os capricornianos são considerados persistentes, convencionais, prudentes e comedidos. Compreender os pontos fortes e fracos do elemento com o qual o nosso signo astrológico está associado – além de descobrir qual dos tipos de personalidade de Jung, como popularizado pelo teste de personalidade de Myers-Briggs, melhor nos representa – não só pode ajudar a abraçarmos a totalidade do ser, mas também a identificar as tendências dentro de nós que talvez careçam de desenvolvimento espiritual.

O conceito importante por trás dos elementos é o equilíbrio, honrar a integridade – como o ciclo das estações, que também são agrupadas em quatro. O número quatro tem uma miríade de associações; entre as mais importantes para uma exploração espiritual estão os quatro quadrantes que formam uma cruz cósmica, ou equidistante. Com a linha vertical representando o plano espiritual e a linha horizontal representando o mundano, somos chamados como seres humanos a permanecer nessa espécie de equilíbrio – unidos ao Divino da nossa compreensão, enquanto buscamos servir os demais seres humanos no nosso caminho.

Quando tomamos consciência dos quatro elementos, podemos enriquecer a nossa vida de oração, pois eles também servem como metáforas para os ingredientes necessários à jornada espiritual. Como lembram os ensinamentos gnósticos: "A terra é fé, na qual nos arraigamos. A água é esperança, pela qual somos nutridos. O ar é amor, com o qual crescemos, e a luz é Gnose, com a qual amadurecemos."

Sugestões para iniciar a exploração

- Se você possui um altar pessoal, tente incorporar todos os quatro elementos nele: uma vela para o fogo; incenso para o ar; uma vasilha de água; uma pedra, um cristal especial, ou flores para representar a terra. Note como interagir com esses elementos afeta o seu horário de oração.

- Escolha um dos elementos no qual se concentrar durante a oração: acenda uma vela e olhe para a chama, segure uma pedra ou inspire a fragrância da flor, observe a fumaça do incenso flutuar, abençoe a si mesmo com a água. Como cada um deles aprofunda a sua compreensão ou experiência do Divino?

EXAME DE CONSCIÊNCIA

Prestando Mais Atenção aos Nossos Atos

*A maioria de nós descobriu que,
sem um inventário moral atento e corajoso,
a fé que realmente ajuda na vida diária
permanece fora do alcance.*

— Os doze passos e doze tradições
dos alcoólicos anônimos

Para grande parte da geração do pós-guerra que abandonou as tradições de fé da infância e sente forte aversão pela palavra *pecado*, pode ser bom saber que, em grego, a palavra original se refere a um termo do arco e flecha: "errar o alvo". Quem se sentiria mal por errar o alvo de vez em quando? E talvez seja útil enquadrá-la no contexto usado pela escritora Kathleen Norris para descrever o ponto de vista dos

Monges do Deserto: "Eles entendem o pecado (que chamavam de pensamentos impuros) como qualquer impulso que nos impeça de prestar absoluta atenção a quem e ao que somos, além daquilo que fazemos; qualquer pensamento ou ato que interfira com a habilidade de amar a Deus e ao próximo." Vista dessa maneira, a célebre tradição do Exame de Consciência (o momento em que alguém reflete sobre os impulsos manifestos durante o dia) se torna não uma torturante confissão das transgressões percebidas, mas uma análise comovente das próprias ações – e se elas conduziram o indivíduo mais para perto, ou ainda mais para longe de Deus.

Entre o final do século XVI e o início do século XVII, um monge católico espanhol chamado Alphonsus Rodriguez escreveu as seguintes palavras:

> Um dos principais e mais eficientes meios que dispomos para o aperfeiçoamento espiritual é o exame de consciência; e por essa razão, os santos recomendam tão fervorosamente a sua prática. São João Crisóstomo afirma que deveríamos fazer esse exame antes de dormir; e fornece dois motivos para tanto. Primeiro, porque no dia seguinte poderemos nos sentir mais inclinados a nos preservarmos dos erros que cometemos; pois se examinamos bem a nós mesmos à noite, experimentando uma grande tristeza pelos nossos defeitos, e nos propomos a corrigi-los firmemente, é certo que isso servirá como um freio para evitar que tornemos a incorrer neles no dia seguinte. Em segundo lugar, a expectativa de examinar a nós mesmos à noite favorecerá uma memorização mais ativa durante todo o dia; pois lembrar que devemos realizar um relatório do que fizemos naquele mesmíssimo dia, nos obrigará a ser ainda mais vigilantes e a prestar mais atenção às nossas atitudes.

Rodriguez conclui explicando que, de acordo com São Jerônimo e São Tomé, Pitágoras instruiu os seus discípulos "que diariamente, pela manhã e à noite, eles deveriam passar algum tempo examinando a si próprios em relação a essas três questões: O que eu fiz? Como fiz? O que deixei de fazer? Ele também os convocou a regozijar pelo que descobriram que fizeram de bom; e a se arrepender, e lamentar aquilo que fizeram de errado. Sêneca, Plutarco, Epiteto e muitos outros recomendaram a mesma coisa".

Os filósofos gregos não foram os únicos a defender o exame de consciência e a imediata regeneração; no Velho Testamento, o virtuoso Jó indaga: "Quantas culpas e pecados tenho eu? Notifica-me a minha transgressão e o meu pecado" (Jó 13:23). Segundo os *Analectos* de Confúcio: "O Mestre disse: 'Em vão procurei por um único homem capaz de enxergar os seus erros e assumir a própria culpa'." Jesus revelou que "haverá maior júbilo no céu por um pecador que se arrependeu do que por 99 justos que não necessitam de arrependimento" (Lucas 15:7). E o que é o arrependimento? De acordo com Joseph B. Soloveitchik, autor de *Halakhic Man:* "O desejo de ser outra pessoa, de ser diferente do que eu sou agora, é o principal motivo do arrependimento."

Apesar das autoridades religiosas sempre exercerem influência para determinar que ações constituem um afastamento de Deus – talvez mais particularmente na Igreja Católica, na qual os penitentes recebem a absolvição após a confissão – a capacidade de examinar o próprio coração é uma poderosa virtude. "O humilde conhecimento de ti mesmo", escreveu Tomás de Kempis em *Imitação de Cristo*, "é um caminho mais seguro rumo a Deus do que as profundas buscas da ciência".

Uma das muitas contribuições que os dogmas dos Alcoólicos Anônimos trouxeram à cultura do século XX é a moderna interpretação do Exame de Consciência, conhecida nos círculos dos Doze Passos como o Décimo Passo: "Continuamos a fazer um inventário pessoal e, quando erramos, admitimos prontamente." Esse inventário pessoal pode variar entre o "teste aleatório", que pode ser feito a qualquer hora; o inventário feito com outra pessoa, como um padrinho ou conselheiro espiritual; e aqueles realizados durante os retiros solitários. É importante incluir no inventário as coisas que fizemos *bem* – tal qual sugerem os *Doze Passos e Doze Tradições*, qualquer inventário inclui tanto os débitos quanto os lucros. Faça isso, e a recompensa – embora modesta – é doce: "Depois de refletir sobre o nosso dia, sem deixar de tomar a devida nota das coisas bem feitas, e depois de perscrutar o nosso coração sem medo e condescendência tampouco, podemos verdadeiramente agradecer a Deus pelas bênçãos que recebemos e dormir de consciência limpa."

Sugestões para iniciar a exploração

- Antes de dormir, repasse o seu dia. Você gostaria de fazer alguma coisa com mais critério da próxima vez? Você deve fazer alguma reparação ou pedido de desculpas?
- Registre como essa prática afeta a sua vida espiritual. Observe se ela ajuda você a se sentir mais próximo de Deus, mais próximo das pessoas, ou mais próximo de si mesmo.

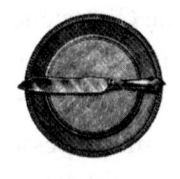

JEJUM

Dias de Oração Ininterrupta

Aquela ou aquele que usar bem o próprio
consentimento será recompensado,
mas jejuar é melhor para ti, acaso saibas.

— Maomé

Numa sociedade onde reina o consumismo e a propaganda constantemente nos instiga a ter cada vez mais, o conceito de jejum pode ser difícil de abraçar. Nós nos tornamos viciados em objetos e informação, acostumados ao estímulo e à gratificação imediatos. Jejuar – não só a abstinência de alimento, mas de qualquer coisa que estimule um interesse ou satisfação obsessivos encontrados fora de Deus – é um conceito estranho para a maioria das pessoas, algo criado há muito tempo por povos de diferentes religiões e nada condizente ao mundo acelerado de hoje.

Porém, cada vez mais pessoas estão se voltando para a prática do jejum, tanto para melhorar a saúde física quanto para purificar a saúde espiritual. Os praticantes de jejum acreditam que, como ele rompe os padrões diários das refeições programadas e da obtenção do próprio prazer de comer, ele força as pessoas a apelar para a força interior quando tal prazer é abandonado. Pois quando todas as tentações que distraem são eliminadas, resta apenas voltar a atenção para Deus.

O jejum faz parte da vida religiosa desde a antiguidade, e foi praticado pelos antigos egípcios, mongóis, sírios e maias. Sidarta Gautama jejuou durante 49 dias sob a árvore bodhi para alcançar a iluminação e, assim, se tornar o Buda; Moisés, Elias e Jesus Cristo também jejuaram por quarenta dias. O jejum foi associado à oração tanto no Velho quanto no Novo Testamento; em um dos exemplos, essa correlação nos é explicada – diz-se que uma fiel "não deixava o templo, mas adorava noite e dia em jejuns e orações" (Lucas 2:37). E estudiosos cristãos observaram que, no Novo Testamento, existem mais ensinamentos de Cristo sobre o jejum que sobre a penitência, a confissão ou o batismo.

Outras religiões e culturas do mundo incorporaram o jejum às práticas de fé de maneiras ainda mais significativas e convencionais. Os judeus jejuam durante o Yom Kippur, os hindus jejuam em certos dias do mês, como durante a Lua cheia do Purnima; e os índios norte-americanos jejuam antes de tentar obter visões.

E os líderes espirituais não são os únicos que prolongam os jejuns por semanas ou até meses. Atualmente, os muçulmanos jejuam durante o Ramadã, comendo apenas depois do crepúsculo e antes do alvorecer; e os bahá'ís observam um mês de jejum, que precede o seu Ano Novo. Em *Selections from the Writings of 'Abdul'l-Bahá*, um importante mestre espiritual, o autor instrui: "Esse jejum material é uma versão física do jejum espiritual; é um símbolo de autocontrole, do domínio de si perante todos os apetites do eu, assumindo as características do espírito para ser levado pela brisa do paraíso e arder em chamas no amor de Deus."

No Islã, o jejum é considerado uma forma especial de louvor; seria fácil surrupiar um bocado ou dois quando ninguém estivesse olhando, e Alá é o Único que saberia se você permaneceu mesmo em abstinência. Também se crê que o jejum é um escudo, um ato de devoção espiritual que protegerá a pessoa de outros atos pecaminosos.

No hinduísmo, jejua-se para renegar as necessidades físicas em troca de ganho espiritual. Os hindus acreditam que devido às distrações mundanas, os fiéis devem impor as próprias restrições ao comportamento para permanecer concentrados no espiritual. Em 1930, um famoso hindu, Mahatma Gandhi, definiu o jejum como "21 dias de oração ininterrupta", concluindo que "não existe nenhuma oração sem jejum!" E a prática de oração de Gandhi teve repercussões políticas; ele usou o jejum como forma de protesto pacífico.

Os hindus conhecem os benefícios ayurvédicos dessa prática; jejuar libera as toxinas acumuladas que podem causar doenças. E os adeptos ocidentais do jejum afirmam que a prática induz a lucidez da mente, fornece energia sobressalente e produz uma sensação de bem-estar porque o corpo foi purificado das toxinas. E mais importante ainda, uma prática de oração baseada em jejum pode estimular a compaixão quando as pontadas de fome nos fazem lembrar da vida daqueles que não têm o que comer.

Para estimular a prática do "jejum penitencial", em particular nos países cujos habitantes não só desfrutam de uma infinidade de lojas de alimentos, mas também sofrem de doenças por excesso de alimentação, o Papa João Paulo II escreveu: "Obviamente, o jejum penitencial é algo muito diverso de uma dieta terapêutica, mas a seu modo pode ser considerado uma terapia para a alma [...]. Um dos objetivos do jejum penitencial é ajudar a resgatar uma vivência interior. O esforço de moderação do apetite também se estende a outras coisas que não são necessárias, e isso é uma grande ajuda para a vida espiritual. Moderação, memória e oração caminham de mãos dadas."

E na tradição cristã protestante, existe uma moderna "Corrente Jejuar e Orar" que anda ganhando popularidade. Em um dos websites do grupo (*www.fastingprayer.com*), eles explicam que: "Jejuar é um meio de nos humilharmos diante de Deus, deixando que Ele saiba que estamos dispostos a trocar o conforto físico para convidá-lo para um banquete espiritual[...]. Jejuar é o ato de se abster de alimentar o corpo para se concentrar mais profundamente na busca da face de Deus e alimentar o espírito."

Esse é o último tópico que jaz no coração do jejum; nós jejuamos para estabelecer uma comunhão mais íntima com o Divino, e comungar constantemente em oração durante o jejum é um elemento fundamental do desenvolvimento espiritual. Geoffrey Chaucer talvez tenha resumido a prática com maior eficiência quando escreveu *The Canterbury Tales*: "Aquele que deseja orar, deverá jejuar e permanecer puro, e empanturrar a alma, enquanto torna o corpo esguio."

Sugestões para iniciar a exploração

- Comece aos poucos – primeiro tente pular uma refeição, e passe o tempo que normalmente gastaria comendo em oração. Em seguida, estenda o jejum – escolha um dia no qual você não irá trabalhar para dedicar ao jejum e, em compensação, alimente o espírito. Como passar um dia em jejum afeta a sua experiência espiritual? (Em certas condições de saúde, jejuar pode ser perigoso; não tente fazer um jejum prolongado sem supervisão.)
- Planeje se abster de qualquer substância nociva à experiência espiritual – como televisão, filmes de ação, livros de romance, compras supérfluas ou fofocas. Continue escolhendo outras coisas das quais "jejuar".

FESTAS

Saboreando a Sensação da Comunhão

*Apreciar uma refeição suntuosa e requintada com outras pessoas
é um dos maiores prazeres da vida. Durante a ceia,
saboreie a sensação da estreita ligação entre toda a vida:
você, a sua família e amigos, aqueles que cresceram,
amadureceram e prepararam o alimento,
e o próprio alimento em si.*

— DEBORAH KESTEN

Em geral, no contexto religioso, apesar da palavra *festa* se referir ao tradicional calendário da fé de eventos anuais especiais ou aos ritos comunais mais relevantes promovidos a cada ano, como prática de oração a festa pode ser entendida de maneira muito mais simples e universal. Como explica a escritora Mary Caswell em *The Art of Tradition: A Christian*

Guide to Building a Family: "O que torna a hora das refeições tão importante? Comer é um ato físico, mas também é um ato espiritual. Ele nutre tanto o corpo quanto a alma. No útero, somos alimentados pelo corpo da mãe. Enquanto crianças, somos alimentados pelo leite do seio materno. Desde o início, quando repartimos o alimento, repartimos uma relação [...]. O que importa é partilhar: partilhar comida, partilhar pensamentos, partilhar histórias..."

Ao redor do mundo, as pessoas repartem os alimentos nas comunidades espirituais, dividindo iguarias que, não raro, funcionam como símbolos importantes. Na tradição hindu, o coco e a manga representam o sagrado e auspicioso; e durante o festival da manteiga no Tibete, comemorado no décimo quinto dia da primeira lua, os monges budistas entalham estátuas das divindades tibetanas em manteiga. Na tradição judaica, pão e fatias de maçã mergulhadas em mel significam um desejo de doçura no novo ano, enquanto os ovos eram usados na tradição pagã para simbolizar a fertilidade (e, mais tarde, introduzidos na festa cristã da Páscoa). Porém, na tradição cristã, o conceito de festa é talvez levado ao extremo simbólico mais elevado, sob a forma da Santa Comunhão. Quando Jesus partiu o pão e dividiu o vinho com os apóstolos pela última vez, ele os aconselhou a repetir o gesto em sua memória, dizendo que o pão era o seu corpo e o vinho era o seu sangue. Embora alguns cristãos acreditem nisso literalmente, e outros metaforicamente, isso permanece uma imagem poderosa para aqueles que incluem essa prática nas suas atividades espirituais.

Talvez não seja de admirar que as festas e divindades sempre permanecessem associadas; originalmente, a maioria dos festivais acontecia para celebrar os seres Divinos que as pessoas adoravam através dos tempos. Existe até um precedente bíblico para isso: de acordo com o Levítico 23:1-2, "Disse o Senhor a Moisés, 'Fala aos filhos de Israel e dize-lhes: As festas fixas do Senhor, que proclamareis, serão santas convocações; são estas as minhas festas'."

Os dias de festa constituem um impulso universal do espírito humano para marcar as datas importantes das passagens espirituais. Uma festa se torna uma prática de oração quando honra o sagrado e reconhece o transcendente. Nas eras mais primitivas da humanidade, as festas aconteciam de acordo com as estações, celebrando o plantio e a colheita – algo que ainda celebramos, embora talvez com um estilo mais secular, durante a Ação de Graças norte-americana. A palavra *feriado* possui as mesmas raízes da expressão "dia santo", e os feriados ainda celebram o sagrado no mundo inteiro. Apenas uma breve amostra dos dias de festa comemorados por diferentes religiões ou tradições étnicas abrange o festival ucraniano do Batismo de Jesus no Jordão (19 de janeiro), o festival irlandês de São Brígido (1º de fevereiro), a comemoração cívica e religiosa chinesa dos ancestrais (5 de abril), o Kodomo--No-Hi japonês, ou Dia das Crianças (5 de maio), e o Kateri Tekakwitha dos índios norte-americanos (14 de julho).

Dois festivais religiosos no calendário muçulmano convidam a pensar nos próximos. O Eid Al Fitr, o festival da quebra do jejum depois do Ramadã, é uma celebração de três dias na qual os muçulmanos oferecem uma dádiva de caridade aos pobres. Durante o Eid Al Adha, o festival do sacrifício, abate-se uma vaca, uma ovelha ou um bode; a carne é partilhada entre amigos e parentes, além de ser distribuída para os pobres. Durante ambas as festas, presentes são distribuídos entre as crianças, enquanto se trocam doces e outras comidas especiais. As duas festas são marcadas pelas orações matutinas de louvor a Deus. As visitas aos amigos e parentes envolvem pedir perdão por qualquer injustiça do ano anterior.

Além das festas celebradas em comunidade, oferecemos festas particulares em datas que são significativas para nós: aniversários, casamentos, funerais. Os hindus marcam o nascimento de um bebê e a transição para a puberdade com uma festa. O ato de nos reunirmos em grupos íntimos ou comunidades maiores afeta a nossa vida numa série de aspectos, realçando o entendimento e a identificação em relação à família, religião, cultura e país.

Além do sentido oculto e da própria participação na festa, existem outras considerações espirituais relacionadas à comida, tal como a prática do judaísmo ortodoxo de respeitar o kosher – admitir no lar apenas alimentos que são "puros" de acordo com as antigas leis espirituais e que assim podem ser consumidas. Na tradição católica dos Estados Unidos, até 1966 a carne era proibida às sextas-feiras; agora os católicos devem evitar a carne somente na Quarta-Feira de Cinzas e nas sextas-feiras após a Quaresma. A despeito da maior liberdade em relação às restrições dietéticas, os católicos ainda evitam ingerir qualquer alimento ou bebida uma hora antes de aceitar a comunhão.

Os muçulmanos também possuem leis dietéticas que são uma questão de fé, e os hindus em geral evitam todas as comidas que supostamente prejudicam o desenvolvimento espiritual, incluindo a carne; muitos hindus são vegetarianos porque não querem impingir danos a outra criatura viva.

Nunca se come bife porque a vaca é considerada sagrada; porém, o leite e seus derivados – iogurte e ghee (manteiga purificada) – são considerados puros por natureza. Os costumes budistas variam; muitos budistas são vegetarianos, mas alguns acreditam que podem comer carne se não matarem o animal pessoalmente. Dadas as diferenças de interpretação da festa, talvez apenas uma coisa possa ser usada como regra universal: para se tornar uma prática de oração, a festa não deve incorporar a gula. Muitos líderes espirituais concordariam com o seguinte conselho de Bhagavan Das: "Quando se possui qualquer coisa em excesso, é impossível conhecer a si mesmo."

Sugestões para iniciar a exploração

- Para usar uma expressão culinária, "adicione" conscientemente a oração à hora de cozinhar. Enquanto preparar a refeição, ore por aqueles que vão ingerir o alimento.
- Preste atenção nas cores, texturas e sabores da comida que prepara ou ingere. Que imagens do Sagrado eles evocam em você? Use a celebração da festa como um momento para saborear o doce – e o salgado – da vida.

MEDITAÇÕES NUTRITIVAS

Permaneça Atento ao Mistério

Esse ritual é Único.
O alimento é Único.
Nós que oferecemos o alimento somos Únicos.
O fogo da fome também é Único.
Todo gesto é Único.
Nós que compreendemos isso somos Únicos.

— Bênção hindu

Se os seres humanos não vivem só de pão, é irônico que, numa era de fome espiritual, tantos americanos estejam mais obesos do que nunca. Reza a psicologia popular que a comida pode ser um substituto para o amor ou um consolo – mas saber isso não leva necessariamente a uma mudança de comportamento. Ao ver a alimentação como um ato sagrado

– assim como todo ato da nossa vida é, em potencial – podemos tentar deslocar a ênfase de viver para comer, para comer para viver.

As razões espirituais para fazê-lo são inúmeras – antes de mais nada, porque as tradições de fé afirmam que o Divino é uma parte de nós. No Novo Testamento, esse conceito está expresso de forma sucinta: "Não sabeis que sois santuário de Deus e que o Espírito de Deus habita em vós?" (1 Coríntios 3:16). Além disso, somos chamados a relembrar que a comida é um dom de Deus. Em outro exemplo do Novo Testamento, Jesus descreve como deveríamos tratar o alimento: "Tomou os sete pães e os peixes, *e dando graças* (grifo meu), partiu, e deu aos discípulos, e estes, ao povo" (Mateus 15:36).

Isso, portanto, se tornou o próximo passo na abordagem espiritual da comida; depois de reconhecer que somos o templo de Deus, damos graças a Deus pelo alimento que temos para comer. Esse simples gesto torna a alimentação consciente, concedendo-nos a oportunidade de apreender o que fomos abençoados a ter e assegurar que não vamos considerá-lo como favas contadas. (Cabe observar que existe uma pequena controvérsia teológica sobre essa questão: certas pessoas, quando dão graças ou bênçãos antes da refeição, pedem que a comida seja abençoada pela própria saúde, bom desempenho e serventia ao próximo. Em resposta a essa prática, outras notaram que não é a comida que deveríamos abençoar – o nosso foco tem que ser Deus.)

O que se segue depois de expressar gratidão é o ato de comer em si. É então que o conceito oriental de atenção pode transformar esse ato numa prática de oração, uma meditação de consciência imediata de toda a abundância na vida de alguém. Como explica Jon Kabat-Zinn em *Full Catastrophe Living*: "Quando você come atentamente, entra em contato com o alimento porque a sua mente não está distraída. Não se trata de pensar em outras coisas. Trata-se de estar presente ao comer [...]. Saber o que se faz enquanto se faz é a essência da mente alerta."

E a alimentação consciente não só beneficia o indivíduo; ela também pode ser partilhada com os nossos companheiros à mesa. O monge budista vietnamita Thich Nhat Hanh, que forneceu copiosas abordagens para a alimentação consciente, explica um dos seus benefícios: "Se alguém pensa em outra coisa em vez da boa comida sobre a mesa, assim como os problemas no trabalho ou com os amigos, significa que ele está desperdiçando o momento presente, além do alimento. Você pode comentar: 'Esse prato está maravilhoso, não acha?' Quando você fala algo parecido, desvia a atenção dele do raciocínio e das preocupações, e o traz de volta ao aqui e agora, para apreciar você, apreciar o prato maravilhoso. Você se torna um bodhisattva, ajudando um ser vivo a se tornar iluminado."

Contudo, de maneira ainda mais contundente, Thich Nhat Hanh nos ajuda a ver que consumir qualquer coisa que não visa a mais elevada saúde e bem-estar é prejudicial não só a nós mesmos, mas a toda a sociedade. Ele ressalta que certo número de elementos são tóxicos – que não só a comida pode nos envenenar, mas também os programas de televisão ou filmes violentos, livros e revistas, e até conversas. Começamos por ficar atentos à comida que ingerimos, mas para continuar no caminho do desenvolvimento espiritual e consciência, devemos estender a atenção a todas as coisas que consumimos na vida. Como ele escreve no Quinto Preceito do capítulo "Dieta para uma Sociedade Consciente", encontrado em seu livro *Touching Peace**, nós transformamos o instinto primitivo de comer na intenção espiritual de servir quando juramos "ingerir somente produtos que preservem a paz, o bem-estar e a alegria no meu corpo, na minha consciência, no corpo coletivo e na consciência da minha família e da sociedade". Sobretudo, sugere ele, uma dieta apropriada não só transformará o indivíduo física e espiritualmente – ela produz reverberações que afetam o todo e é crucial "para a transformação da sociedade".

Sugestões para iniciar a exploração

- Antes de comer, faça um momento de silêncio ou recite uma oração em apreço ao trabalho dos outros para trazer comida à sua mesa.
- Não faça nada mais enquanto come; simplesmente mergulhe na experiência de degustar, mastigar e deglutir a comida. Repare nas cores, texturas e aromas.
- Coma devagar, mastigue com cuidado, e preste atenção à forma como está comendo. Abaixe o talher entre as garfadas. Em vez de comer um bocado de ervilhas, coma uma ervilha de cada vez. Observe como a sua experiência com a comida se torna diferente desse modo, e se comer atentamente melhora a comunicação com o Divino.

---

* *Vivendo em Paz*, publicado pela Editora Pensamento, São Paulo, 1996, p. 84.

PRÁTICAS DE PERDÃO

Um Alívio para o Nosso Coração

O perdão é um abraço que derruba todas as barreiras, contraria todas as probabilidades, em desafio a tudo que é vil, mesquinho, rancoroso e cruel nessa vida.

— Kent Nerburn

Perdão. Em inglês, a palavra deriva da expressão arcaica *gifan*, dar – e quando perdoamos, de fato oferecemos um presente não só ao perdoado, mas a nós mesmos. O perdão é um conceito encontrado em todas as maiores religiões do mundo. Na tradição judaica, diz-se que "a coisa mais bela que um homem pode ofertar é perdoar o mal"; enquanto os sikhs vão mais longe: "Onde houver perdão haverá o próprio Deus." E o que é o perdão?

Para alguns, é reconhecer o outro como um espelho. Conta-se que o sábio americano Benjamin Franklin, depois de ouvir por que uma pessoa desprezava a outra, perguntou: "O que você lhe fez para detestá-lo tanto?" – mostrando de maneira um tanto brusca que aquilo que julgamos imperdoável nos outros simplesmente pode se encontrar dentro de nós mesmos. Para outros, é paciência perante as imposições da obrigação kármica. De acordo com o monge tibetano Khenpo Karthar Rinpoche: "Na filosofia e ensinamentos budistas, diz-se que mesmo os inimigos devem ser vistos como os mais prestativos dos amigos. Você deve ser-lhes muitíssimo grato porque eles oferecem a melhor oportunidade para praticar a paciência [...]. Se você se encontra afligido pela doença e um médico proeminente aparece, seria uma tolice incrível tentar se livrar dele ou tentar matá-lo. Pelo contrário, você deve lhe oferecer a mais calorosa acolhida."

Embora talvez sejamos capazes de apreciar tais conceitos em teoria e com um distanciamento racional, é mais difícil permanecer alheio em face da dor crua e da injustiça. Desse ponto de vista, o perdão se torna – como o mestre espiritual e autor Jack Kornfield escreve – "um alívio para o nosso próprio coração e um reconhecimento de que, por mais veementemente que se possa condenar e sofrer pelos maus atos de alguém, você não expulsará um outro ser humano do seu coração. Todos já fomos magoados, assim como às vezes magoamos a nós mesmos e aos demais."

Apesar das práticas de perdão funcionarem para todos nós, para Ilene Cummings – uma líder de retiro religioso, educadora e especialista em processamento de dados – o perdão *é* uma missão. Na companhia de outras pessoas, Ilene decidiu explorar o perdão como um caminho profissional e espiritual; ela comanda workshops regulares sobre o perdão e atualmente escreve um livro a respeito do assunto. O interesse especial de Ilene pelo perdão começou quando uma companheira de oração perguntou se Ilene perdoara o ex-marido. Ilene não o perdoou. "Fiquei chocada ao perceber que depois de todo o trabalho espiritual que fiz, eu ainda não o havia perdoado", lembra. "Assim, durante os dois meses seguintes, trabalhei em cima disso – aquilo não 'largava do meu pé'. Depois disso, descobri que organicamente eu sentia compaixão por ele – e, mais tarde, um amor profundo que jamais senti em trinta anos. Esse é o jeito do coração agir – o perdão alivia o coração constrito quando ele supera o 'eu odeio você' para atingir o máximo de semelhança com Cristo.

"Para perdoar precisamos nos desvencilhar dos nossos padrões, todos os papéis/funções, tudo, e isso é uma ordem pra lá de exigente. Ela faz todos se curvarem àquela severa voz interior. É uma experiência transcendente; torna-se uma prática de oração. Precisamos entender um outro conceito de perdão – que o perdão é a obra-prima espiritual da vida. Não se trata de quem faz o que a quem; é um estado natural. Não diz respeito a outra pessoa; diz respeito à sua própria transformação. Afinal, você não é obrigado a perdoar. É uma escolha."

Como Ilene observa, perdoar não significa "varrer a sujeira para debaixo do tapete". Tenha em mente que perdoar não significa uma ação compensatória; significa se libertar de recordações e sentimentos negativos. E, como o romancista alemão do século XIX Jean Paul Richter nos lembra, também é uma questão de expressar o eu espiritual, pois "a humanidade nunca é tão bela quanto nos momentos em que se ora por perdão, ou então quando se perdoa outrem".

Sugestão para iniciar a exploração

- Se você ainda é incapaz de orar para perdoar alguém, comece por baixo – reze pelo desejo de orar para perdoar alguém.
- Pense numa pessoa que você acredita tê-lo injustiçado, depois imagine essa pessoa quando criança, ou bebezinho. Sinta as suas emoções suavizarem. Guarde essa imagem por tempo suficiente para perceber a doçura e vulnerabilidade dessa pessoa, aquilo que é bom.
- Reflita: houve quaisquer ocasiões na sua vida em que você fez algo semelhante, embora talvez em menor escala na sua opinião? Às vezes a nossa raiva em relação aos outros é uma projeção do desprezo pelas nossas próprias ações.
- Pesquise alguns dos grupos que estão surgindo ao redor do mundo para promover o perdão, tal como a Comissão Verdade e Reconciliação do Arcebispo Desmond Tutu. Às vezes ver o que os outros são capazes de perdoar pode inspirar o nosso próprio coração a abrandar.

ORAÇÕES FORMAIS

Um Ponto de Partida

Senhor, ensina-nos a orar.

— Lucas 11:1

Para muita gente, recitar orações formais é o componente absoluto ou final da vida de oração; para outros, as orações formais são um maravilhoso ponto de partida. Independentemente do que elas signifiquem para você, as orações formais nos unem à linhagem das comunidades religiosas que, não raro, recitam as mesmas orações há séculos. (O *Kyrie Eleison* – "Senhor, tenha piedade" – que ainda é entoado nas igrejas do século XXI é usado como prece-poema em louvor desde o século IV.) As orações formais também fornecem uma temática comum para atos conjuntos de adoração pública; a oração formal é um grande agregador. Pode-se alcançar uma imensa alegria ao fechar os olhos e escutar a miríade de tons e timbres de vozes recitando a mesma oração, unidas umas às outras no momento sagrado do presente.

No cristianismo, a oração formal começou com o exemplo fornecido por Jesus Cristo quando lhe perguntaram como deveríamos rezar – o Pai-Nosso. Na verdade, esse modelo é considerado por alguns como prova de que deveríamos apenas nos ater aos construtos da oração formal, que a instrução de Jesus foi clara – nós recebemos uma fórmula, não um convite para dizer o que nos passasse pela cabeça no momento.

Os mórmons seguem um padrão repetitivo quando oram, o que é feito no início e ao fim do dia: Louve e agradeça a Deus, peça a satisfação de necessidades básicas, peça para perdoar, para ser perdoado, e resista à tentação.

Para os judeus praticantes, as orações, recitadas em hebraico, são exigidas três vezes por dia; elas devem ser recitadas com a *kavanah*, um foco de concentração e intenção. Aqueles que aderem à prática alegam que a obrigação assegura que as pessoas terão tempo para se comunicar com Deus e preservar a consciência da presença de Deus e do papel dele em suas vidas. Além do mais, acredita-se que a prática que resulta da oração regular o tornará um devoto mais eficiente.

Os livros de orações formais existem há séculos; o Livro dos Salmos é uma coleção de orações formais, assim como o Livro de Oração Comum. Também se pode encontrar cartas de oração com preces impressas, bem como um número cada vez maior de coleções de preces organizadas em torno de temas específicos.

Por que a maioria das instituições religiosas usa a oração formal nas cerimônias de louvor? Os adeptos afirmam que é útil para manter a ordem no culto; que com a oração formal, as pessoas tendem menos a trazer questões pessoais à tona ou desviar do assunto em detrimento da comunidade da igreja. Além do mais, a oração formal pode ser útil para aliviar sensações de constrangimento ou preocupação por não saber o jeito "certo" de orar; ela também ajuda a entrar em contato com a sabedoria daqueles que encontraram palavras para articular tópicos contraditórios ou complexos e para fornecer mais intuições sobre o tema em questão na oração.

Porém, talvez a maior contribuição da oração formal seja providenciar um ponto de partida, um modelo ao qual se ater quando a nossa vida de oração é árida ou complicada. O aspecto repetitivo da oração formal pode ajudar a criar um canal para a experiência de Deus, funcionando como uma forma de intenção e foco. Começar com uma frase introdutória de uma oração conhecida pode servir para nos abrir. Isso pode ser o começo da expressão individualizada de angústia ou reverência.

Sugestões para iniciar a exploração

- Escolha uma oração formal que você conhece desde a infância. Encare-a de um jeito diferente – recite-a devagar, refletindo sobre cada palavra; escreva-a num diário, pausando após cada linha. A oração ainda é especial para você, ou ela perdeu a inspiração por causa da familiaridade?
- Durante o período de oração e meditação, tente recriar essa oração formal alternando os versos com frases suas – escreva a primeira linha da oração, depois acrescente

uma linha da sua própria autoria em resposta. Observe se interagir com ela dessa maneira lhe concede uma nova vida.

- Leia as orações formais de tradições espirituais diferentes da sua. Veja com quais você se identifica, e pense em maneiras de incluir uma das frases ou conceitos na sua própria tradição.

CAIXAS DE DEUS

Agradecendo as Próprias Bênçãos, Libertando-se do Passado

Eu sou Deus. Hoje eu lidarei com todos os meus problemas.
Por favor, lembre-se de que eu não preciso de ajuda.
Se a vida por acaso lhe oferecer uma situação com a qual você não conseguir lidar, não tente resolvê-la. Faça a gentileza de colocá-la na caixa ACD (aos cuidados de Deus).
Ela será entregue no Meu tempo, não no seu.
Assim que o assunto for colocado na caixa,
não se preocupe mais com ele...

— CARTA CORRENTE DA INTERNET DE
AUTOR DESCONHECIDO

Existe algo de irresistível na criação de um receptáculo para o Divino; como o sagrado é inefável e misterioso, talvez possamos começar a abraçá-lo apenas quando conseguimos lhe dar uma forma que somos capazes de tocar com as mãos – às vezes, literalmente. As caixas de oração são encontradas em várias culturas; orações e relíquias sagradas são guardadas dentro de caixas de oração no Tibete, na Índia e na Turquia, que são feitas de prata e carregadas como um relicário portátil. Na Tailândia, pode-se encontrar caixas de oração – em geral decoradas com o *om* ou algum outro símbolo espiritual – para guardar as contas de oração. Todas são precursoras da prática moderna de manter uma "caixa de Deus", que serve como um canal – e não raro um registro – das comunicações com o Divino.

As caixas de Deus provavelmente se originaram das caixas de oração da igreja, nas quais os membros da congregação colocam os pedidos de oração que são recolhidos mais tarde pelos dignitários ou voluntários da igreja e recitados. Em contrapartida, essa prática inspirou as caixas de oração na internet, nas quais se coloca um pedido de oração no website de uma organização ou de um indivíduo, para que aquelas pessoas orem por você.

E no mundo conectado de hoje, a prática de usar uma caixa de Deus pessoal está se espalhando; faça uma pesquisa na internet com essas palavras, e você acabará com várias versões de um poema escrito por um autor anônimo, que conta uma história na qual Deus dá duas caixas à narradora do poema – uma dourada (para guardar as alegrias), e outra preta (para guardar as mágoas). Conforme a caixa dourada se torna mais pesada ao longo do dia, a caixa preta permanece mais leve do que nunca – e a narradora logo descobre um buraco no fundo, por meio do qual as mágoas caem nas mãos de Deus.

Quer você tenha duas caixas de Deus ou uma só, existem inúmeras maneiras com as quais se pode usá-las. Peg Grady, uma enfermeira pediátrica, voluntária em escolas e na igreja, além de mãe de três filhos, afirma que usar a caixa de Deus "agora é uma parte muito importante da prática". A sua caixa, de aproximadamente 12cm de largura, feita de madeira marchetada de diferentes cores e texturas, é coberta por uma tampa com uma borboleta desenhada – um importante símbolo espiritual para Peg. Ela diz que o uso da caixa de Deus resultou da prática de manter um diário de oração: "Eu o expandi para a caixa."

Continua Peg: "Na minha caixa, que fica embaixo do altar, incluí os nomes das pessoas por quem rezo, assim como orações para mim mesma – especialmente as coisas que são muito difíceis de me desapegar. Descobri que apanhar um pedaço de papel, escrever e depositá-lo na caixa era um jeito muito concreto de me desapegar e entregar tudo a Deus.

"Escrevo em pedacinhos bem pequenos de papel; às vezes inspeciono a caixa. Se a oração foi atendida, ela se transforma numa oração de graças. Mantenho uma vela acesa no altar perto da caixa quando estou em casa durante o dia – ela me faz lembrar que a minha vida inteira é uma oração; que cada momento é uma oração."

Certas pessoas preferem não orar pelo problema depois de escrever no papel e depositá-lo na caixa de Deus, sentindo que esse é um meio de demonstrar confiança de que a dificuldade será resolvida. A maioria das pessoas guarda os pedacinhos de papel dentro da caixa para conferi-los mais tarde e ver como as orações foram atendidas; é um recurso visual para provar que as coisas que antes pareciam incontornáveis foram superadas com sucesso. Você pode colocar um pedido de oração de um lado do papel, e do outro lado anotar a data e a circunstância em que a oração foi atendida. Guardar esses registros espirituais pode ser uma lembrança reconfortante de que o Divino sempre opera na sua vida.

Você também pode usar uma caixa de Deus como forma de afirmação, escrevendo coisas que você deseja ver manifestadas na sua vida em pedaços de papel separados e depois tirando um todo dia – e agradeça a Deus de antemão por realizá-las para você. Outras pessoas gostam de escrever uma carta para Deus, assinar e colocá-la na caixa. Depois se sentar em silêncio um momento, em seguida elas escrevem uma resposta para a própria carta e a depositam na caixa de Deus. Existem muitas variações sobre o tema; guardar as suas orações, desejos e sonhos é um processo que pode ser tão criativo quanto cada pessoa que o pratica.

Talvez a adepta mais famosa das caixas de Deus seja a romancista Anne Lamott, que escreveu sobre a sua prática no *salon.com* e também no seu livro *best-seller Traveling Mercies*. Como qualquer exercício espiritual, os seus caminhos são misteriosos e recompensadores. Escreve Lamott: "Era apenas uma caixinha de madeira que alguém me deu certa vez, a qual eu decidi que seria a caixa de entrada de Deus [...]. Eu não entendi por que seria tão complicado se ao menos uma vez Ele usasse um megafone. Mas Ele nunca usa. Eu acho isso enfurecedor. Mas, afinal, sempre que coloco um bilhete na caixa de Deus o telefone toca, ou o correio chega; e assim eu recebo a resposta Dele."

Sugestões para iniciar a exploração

- Procure uma caixa vazia para usar, forre uma caixa de sapato – ou de charutos – com papel, ou compre uma caixa para usar como a sua caixa de Deus ou de oração. Escreva as orações no papel e as coloque dentro da caixa; conforme você as deposita, entregue cada oração ao Divino. Observe como escrever fisicamente a sua oração – e depositar a oração em um lugar concreto – afeta você.

- Depois de fazer isso por algum tempo, releia os antigos pedidos de oração. Quais foram os resultados? Como você cresceu?

DIÁRIOS DE GRATIDÃO E DE ORAÇÃO

Como Reconhecer a Dádiva como uma Dádiva

> *Um pensamento agradecido aos*
> *céus é uma prece em si.*
> — GOTTHOLD EPHRAIM LESSING

No seu *best-seller Simple Abundance*, a escritora Sarah Ban Breathnach recomenda uma prática que cativou a imaginação de muitos americanos, incluindo Oprah Winfrey: manter um diário de gratidão. A influência do trabalho das duas mulheres ajudou a divulgar a ideia dos benefícios emocionais e espirituais dessa prática, que são capazes de transformar a vida, de acordo com Breathnach. Ela escreve: "Daqui a dois meses, você simplesmente não será a mesma pessoa depois de oferecer graças conscientemente a cada dia pela abundância que existe na sua vida. E você terá acionado uma antiga lei espiritual: quanto mais se tem e se é grato por isso, quanto mais lhe será concedido."

Três anos depois de *Simple Abundance* ser publicado, numa pesquisa do Gallup em 1998, mais de 90% dos americanos disseram que expressar gratidão os fazia felizes – algo que foi comprovado pela pesquisa científica. Segundo aqueles que consideraram essa prática importante, cultivar uma "atitude de gratidão" parece afetar a vida em todos os aspectos – físico, mental e espiritual.

Embora desfrute de uma nova roupagem, o conceito é muito antigo; ao longo da história, os sábios comentam a necessidade de expressar gratidão. Em *Androcles e o Leão*, Esopo propôs que a "gratidão é a virtude das almas nobres"; Sêneca acreditava que "quem urge gratidão pleiteia tanto a causa de Deus quanto a dos homens, pois sem ela não poderíamos ser nem sociáveis e tampouco religiosos". No Novo Testamento, somos tranquilizados pela afirmação de que todas as coisas cooperam para o bem (Romanos 8:28) e que em todas as circunstâncias devemos dar graças (1 Tessalonicenses 5:18).

Considerando a expressão de gratidão como uma prática de oração, Meister Eckhart, místico dominicano do século XIV, acreditava que "se a única prece que disseres ao longo da vida inteira for obrigado, já é o bastante"; e o ex-Secretário Geral das Nações Unidas Dag Hammarskjöld criou uma poderosa oração de gratidão e esperança ao escrever: "Por tudo aquilo que passou, obrigado. Por tudo aquilo que está por vir, sim."

A gratidão é a essência no coração de todo o trabalho espiritual: reconhecer tudo que lhe foi dado, independentemente se foi surpreendente ou doloroso, como uma dádiva para o crescimento da sua alma. E nos momentos em que é difícil ver qualquer sombra de significado ou desígnio por trás dos percalços de alguém, o hábito de manter um diário de gratidão pode ser a disciplina que nos ajuda – que nos transporta para além da pura mágoa rumo à percepção consciente. Anotar tudo aquilo pelo que devemos nos sentir gratos ocupa a mente, gerando mais força para suportar o fardo.

Como escreve o Irmão David Steindl-Rast: "Uma única flor de açafrão deve bastar para convencer o nosso coração de que a primavera, por mais previsível, é uma espécie de presente, gratuito, grátis, uma graça. Sabemos disso por meio de uma intuição que transcende o intelecto. Porém, o intelecto participa disso. Não podemos ser gratos a menos que o intelecto cumpra a sua parte. Devemos reconhecer a dádiva como uma dádiva, e só o intelecto é capaz disso."

Existem várias maneiras de se manter um diário de gratidão, que – se você preferir – pode ser parte de um diário espiritual ou de oração no qual você registra não só as coisas pelas quais é grato, mas também anota os ciclos da sua jornada espiritual. Num diário de oração, pode-se anotar intuições e reflexões, copiar orações ou passagens de livros espirituais que o acalentam, ou registrar as orações, tomando nota de tudo pelo que você reza e como você testemunha as orações sendo atendidas.

Se decidir manter um diário assim, você estará seguindo uma prática que inspirou alguns dos maiores líderes mundiais, incluindo Moisés (em Êxodo 24:4, descobrimos que "Moisés escreveu todas as palavras do Senhor"). Muitos séculos depois, George Washington manteve um diário de oração, no qual registrava os desejos mais secretos e os conflitos do coração.

Para começar, reserve um horário regular para passar com o seu diário, quer seja diária, semanal ou mensalmente. Escolha um diário que você gostará de segurar e manusear, e um que você sinta que honra o propósito para o qual será usado. Inicie o horário do diário com oração e meditação.

Os adeptos dos diários comparam o processo com a redação de uma carta de amor para Deus, mas ressaltam a necessidade de ser sincero ao escrever. Falsa santidade atrapalha o objetivo, que é permanecer num estado de gratidão ao proclamar gratidão.

É útil escrever o diário à mão em vez de digitá-lo no computador; um toque pessoal incrementa a sensação de comunhão e tempo sagrado. Um jeito de expressar gratidão é escrever aquilo pelo que se é grato (a cada dia, tente incluir uma coisa que você não mencionou ainda). Ou, se preferir tornar o diário mais específico, experimente manter uma lista de todas as coisas pelas quais é grato sobre você (ou Deus): por exemplo, ser um bom homem de negócios ou sentir que Deus está disponível para você.

As possibilidades às quais outros adeptos de diários recorrem incluem seguir uma oração formal como um cabeçalho para as anotações – respondendo ao conteúdo de cada linha. Por exemplo, quando usar o Pai-Nosso, depois "O pão nosso de cada dia dá-nos hoje", escreva as suas necessidades pessoais; depois de "Perdoa-nos as nossas ofensas, assim como nós perdoamos a quem nos tem ofendido", escreva que você cometeu erros e os nomes de quem você precisa perdoar. Você também pode seguir o formato que Catarina de Siena usava no final do século XIV, descrito em *O Diálogo*, o livro que ela ditou durante um estado de êxtase – escrever um problema ou dúvida e, em seguida, após um momento de silêncio, escrever qual poderia ser a resposta de Deus.

Independentemente da forma que usar, você vai querer se certificar que a gratidão é uma grande parte disso, mesmo durante as noites sombrias da alma. Por quê? Na sua revista *O*, Oprah Winfrey cita Maya Angelou, que nos fornece a resposta: "Você diz obrigado", explica Maya, "porque a sua fé é tão forte que você não duvida que qualquer que seja o problema, você irá superá-lo. Você diz obrigado porque sabe que não existe nenhum problema criado que possa se comparar ao Criador de todas as coisas. Diga obrigado!"

Sugestões para iniciar a exploração

- Comece a anotar uma coisa pela qual você é grato ao fim ou no início de cada dia; com o tempo, aumente a quantidade para criar uma lista diária daquilo pelo que é grato. Observe como enumerar as bênçãos aumenta a sua consciência delas.
- Se preferir, comece um diário de oração. Mantenha um registro das orações, assim como uma lista dos resultados dessas orações; anote as citações especiais que você colecionou durante as leituras espirituais.
- Se você possui aptidão artística, faça uma colagem de gratidão, ou acrescente no diário de gratidão figuras encontradas em revistas, cartões-postais, ou cartas de pessoas que você ama.

GUIAS

De Outras Dimensões para nos Ajudar Aqui

Espíritos
Eu posso ver
Eles virão a mim
Eles descerão sob uma nuvem
Eles serão os meus mestres
Eu posso ver
Eles caminharão na cidade do Corvo.

— SAXA DOS TLINGIT

A o longo dos séculos e em todas as culturas do mundo, as pessoas sempre acreditaram em guias espirituais. Dos índios americanos às tribos aborígines que se comunicam com os espíritos animais, até a comunidade de católicos que invoca os anjos da guarda e santos, a crença e a confiança nos guias espirituais é universal. Consequentemente, existem tantas teorias sobre os guias espirituais quanto existem formas potenciais de orientação espiritual.

Dependendo de qual seja a sua cultura de origem, existem diferentes categorias de ajudantes de outros reinos, incluindo parentes ou ancestrais; anjos (embora alguns acreditem que os anjos, devido às suas diferentes "vibrações" de energia, se enquadram numa categoria toda própria); mestres; espíritos (pessoas que faleceram); os *devas* ou espíritos da natureza; e os animais. Além disso, certas pessoas classificam os guias ainda mais detalhadamente: existe o protetor, que o resguarda dos perigos; o guardião, que a seu pedido permitirá ao seu redor apenas aquelas energias que contribuem para o seu bem maior; o agente de cura, que o auxiliará com a cura física (algumas formas de Reiki – um método natural de cura baseado na Energia Universal da Força Vital, que é como se traduz a palavra – incentivam os praticantes a entrar em contato com os próprios guias); o filósofo, que concede sabedoria; e o mestre. Outros reduziram as formas de ajuda de outras dimensões a três categorias: ancestrais, animais, anjos ou outros guias espirituais.

A oração é considerada um elemento fundamental para contatar os guias, porque ela cria um ambiente sagrado e invoca a presença do Poder Supremo. Os guias não são adorados; eles ajudam a revelar a vontade, a força e a compreensão do Divino. Algumas pessoas veem os guias como manifestações do eu superior que até então não fora incorporado à consciência cotidiana.

Como alguém se comunica com os guias? Mais uma vez, as possibilidades são tão amplas quanto as próprias crenças. Um guia pode se comunicar com você por intermédio da intuição, aquela "vozinha" na sua cabeça; da meditação, ao responder as perguntas que você faz; da escrita automática; por meio dos sonhos; durante o ato criativo (por exemplo, o guia talvez seja um músico e lhe concede o dom de compor uma canção); por telepatia; e por meio da sincronicidade.

Aqueles que trabalham com os guias dizem que a presença deles é percebida por meio de uma experiência somática: arrepios, acessos súbitos de emoção, raios de luz, sons, odores, um "pressentimento". Acredita-se que a maneira como o guia aparece para você provavelmente depende da forma que é mais confortável para que você os perceba e da forma que você está mais propenso a escutá-los. Às vezes você receberá um nome para o seu guia, às vezes não; às vezes você verá o seu guia, às vezes não. Talvez, como alguns acreditam, os "amigos imaginários" das crianças na verdade são guias espirituais – cujo contato se perde quando elas são ensinadas a não brincar de faz de conta.

Aqueles que usam os guias espirituais dizem que sempre existe ajuda à mão; que independentemente do guia ser um anjo, um animal, um ancestral ou outro espírito, o acesso à orientação se encontra disponível a toda hora do dia. Embora alguns acreditem que os guias só nos auxiliam quando pedimos que o façam, outros acreditam que por vezes eles intercedem em benefício das nossas intenções. E acredita-se que os guias espirituais nos pertencem a vida inteira; mesmo se os desprezamos e ignoramos, eles continuam próximos para nos ajudar com o aprendizado e permanecerão conosco ao longo do nosso percurso na Terra. Os guias espirituais estão aqui para cuidar do nosso bem-estar em todas as dimensões da existência.

Por outro lado, os guias animais, ou totens, realçam virtudes da nossa personalidade que nós precisamos abraçar ou aprimorar. Quando um animal em particular aparece num sonho ou cruza o seu caminho repetidamente, talvez você deva pesquisar e descobrir mais a respeito das qualidades desse animal, além do que ele possa estar tentando ensinar. Os xamãs trabalham com os espíritos animais, que consideram como aliados. Os índios americanos, especialmente a tribo Zuni, cria fetiches animais, que não servem para ser adorados em si, mas para ser usados como um canal para encontrar ou ao menos incorporar o espírito por trás da representação.

Os rituais são meios maravilhosos para invocar ancestrais; na celebração do Dia dos Mortos mexicano, comemorado anualmente no início de novembro, os festejantes honram os ancestrais construindo altares de oferendas, ou *ofrendas*, guarnecidos com as comidas e bebidas favoritas dos entes queridos falecidos. E certas pessoas acreditam que a habilidade de praticar uma arte antiga ou esotérica é resultado da orientação de um dos seus guias ancestrais.

Quando explorar a questão dos guias espirituais, recomenda-se que você esteja em boa saúde e tenha um ambiente limpo e organizado, que resultará em vibrações mais elevadas, além de formas espirituais superiores. Comece com oração e ritual; certifique-se de atrair os mestres espirituais superiores e recitar uma oração de proteção que convide apenas a presença dos seres de luz.

À medida que incorporamos o conhecimento dos guias em nossas orações, não oramos para eles – estamos invocando as suas energias e sabedoria para ser tudo aquilo que nascemos para ser. Os guias podem nos ajudar no caminho, mas não podem forçar ações ou eventos; as escolhas são nossas. Aqueles que trabalham com guias aconselham não só a respeitar os guias, mas também a confiar neles – como você faria com qualquer amigo. E a última coisa a lembrar: quer você trabalhe com guias ou não, no coração da prática de oração, o Divino da sua compreensão será sempre o maior guia Espiritual.

Sugestões para iniciar a exploração

- Prepare um altar que preste homenagem aos seus ancestrais. Sobre ele, coloque fotografias e objetos que eles um dia usaram: uma xícara, um par de óculos, um relógio de bolso. Como as *ofrendas* mexicanas do Dia dos Mortos, você talvez deva incluir objetos que com certeza os seus ancestrais adoravam: uma garrafa de cerveja, uma caixa de bombons, uma lata de castanhas sortidas. Escreva sobre como essa lembrança dos ancestrais afeta a sua experiência espiritual.
- Olhe em volta – você tem uma coleção de animais ao seu redor? Sente-se atraído por um animal em particular – existe um que você sempre corre para ver no zoológico ou no parque? Você tem animais de estimação? Animais aparecem nos seus sonhos? Observe se existe algum animal específico que não cessa de surgir para você, depois leia a respeito e estude os seus hábitos. O que ele simboliza para você?
- Se você ainda não tem uma representação física desse animal, encontre uma fotografia, estatueta ou bijuteria que possa colocar no altar ou usar. Observe como as qualidades desse animal afetam a sua compreensão espiritual.

HAIKAI

Expressando o Vislumbre Oculto

*Viva na simples fé
Assim como essa corajosa cerejeira
Que floresce, definha e tomba.*

— Issa

Literalmente falando, a escrita do haikai é uma disciplina; em alguma altura do processo educativo, a maioria das crianças é exposta à sucinta forma poética do Japão que ilustra uma cena sazonal em três linhas, com um padrão de cinco, sete e cinco sílabas por verso. É uma comunicação cujo sucesso depende da falta de "eu" subjetivo; Bashô, um dos mais célebres artistas de haikai japoneses — que viveu no século XVII — teceu o seguinte comentário sobre o haikai: "A poesia se desenrola por vontade própria quando você e o objeto se tornam um só – quando você mergulha fundo o bastante no objeto para enxergar nele algo como um lampejo oculto."

O haikai tem suas origens na prática do *tanka*, que eram encantamentos para os deuses, ou orações, que seguiam uma contagem silábica do tipo cinco/sete/cinco/sete/sete e foram populares no Japão do século IX até o XII. Através dos anos, a prática do *tanka* evoluiu; o autor original começava e devia parar depois das três primeiras linhas, e outro responderia acrescentando os dois versos finais. Outros respondiam da mesma forma, e o *tanka* às vezes tinha milhares de versos articulados, escritos por vários poetas. A partir dessas três linhas iniciais, surgiu a forma do haikai.

Devido às diferenças entre as línguas japonesa e inglesa, existe uma certa controvérsia quanto ao que constitui a disciplina apropriada para o haikai inglês contemporâneo. Enquanto alguns se mantêm fiéis à construção silábica em três linhas do tipo cinco/sete/cinco, outros argumentam que essa forma permite o excesso de material irrelevante quando se usa o inglês. Como resultado, alguns escritores de haikai seguem uma construção silábica do tipo três/cinco/três ou colocam a ênfase nas palavras tônicas (dois/três/dois). Genericamente falando, existe um consenso de que o haikai deve medir três linhas; conter um termo sazonal (uma referência direta ou implícita: flores, neve, sapo, folhas); evitar intelectualizar ou filosofar e, em contrapartida, enfocar a percepção direta; além de consistir somente de palavras essenciais à sua linguagem. Porém, o professor e autor de haikais William Higginson chegou ao coração (e à alma) da questão quando escreveu: "O propósito fundamental de ler e escrever haikais é partilhar momentos da vida que nos comoveram, trechos de experiências e sensações que oferecemos ou recebemos como dádivas."

No início, John deValcourt, um catedrático de matemática, sentiu-se atraído pelo haikai por causa da disciplina inerente imposta pela forma de dezessete sílabas, já que o dezessete é um número especial na matemática por diversas razões, além de ser um número primo. A sua primeira incursão pelo haikai foi "meio orgânica", diz ele; John escreveu um haikai para o décimo sétimo aniversário do filho, e daí em diante, "eles simplesmente brotavam".

"Eles surgiam na meditação", explica John. "Eu acordava muito cedo, sentava-me em silêncio, e eles simplesmente brotavam. Algum pensamento ou intuição me vinha à mente, e eu escrevia a respeito. Foi assim que eles se transformaram em oração, a partir da maneira como me ocorriam e da mensagem que traziam.

"Parecia que uma certa facilidade tomava conta de tudo; talvez porque os haikais sejam curtos, e eu era capaz de terminá-los quase ao mesmo tempo que tinha a intuição. Aquela sensação de conclusão quase imediata era um aspecto importante da experiência."

John chama essas criações de "orakai", notando que elas diferem do haikai clássico porque trazem uma referência pessoal − "e esse é o ponto principal", diz ele. "Eu quebro as regras por um motivo." Um dos haikais que John escreveu durante os dois anos da prática de escrever diversos haikais por semana é o seguinte:

Por quanto tempo devemos caminhar,
Olhando para baixo, antes que conheçamos
nossa divindade?

E John viu a sua prática de orações haikai se ampliar; ele escreveu haikais para outras pessoas, que serviram de representações tangíveis das suas orações por elas. Quando um bom amigo foi diagnosticado HIV-positivo, John deu a esse amigo sete haikais espirituais escritos especialmente para ele. O presente de John é uma boa lembrança de que, enquanto prática de oração, é apropriado escrever sobre tudo e qualquer coisa. Como o professor de haikai e escritor J. W. Hackett aconselhou: "A vida é a fonte da experiência do haikai. Portanto, tome nota do presente momento."

Sugestões para iniciar a exploração

- Tente incorporar a escrita do haikai no período do dia que funciona melhor para você – o início da manhã, durante um intervalo do almoço, antes de ir para a cama. Sente-se em silêncio, e passe uns poucos minutos simplesmente respirando. Quando um pensamento, intuição, imagem ou memória surgir, apanhe a caneta e esboce a sua essência. Depois, comece a compor as palavras na forma de haikai da sua preferência, concentrando-se ou no número de sílabas em cada linha (cinco/sete/cinco ou três/cinco/três) ou no número de palavras tônicas (dois/três/dois). Experimente, e conserve o formato e conteúdo que melhor ajudá-lo a expressar aquele "lampejo oculto".

- Você talvez queira manter os poemas juntos num diário especial, ou fazer uma caixa ou pasta exclusiva para os seus haikais, usando papel japonês.

- Depois de persistir nessa prática até o fim de uma estação e o princípio de outra, faça um levantamento: Como essa prática aprofundou a sua experiência do Divino?

ÍCONES

Imagens que nos Guiam ao Coração de Deus

> *Os ícones [...] são criados com o único propósito de oferecer acesso, por meio do portal do visível, ao mistério do invisível. Os ícones são imagens que nos guiam mais para perto do coração de Deus.*
>
> — Henri J. M. Nouwen

A aparência deles é singular: penetrante, olhos em forma de amêndoas, os rostos geralmente banhados em prata e as cabeças coroadas com auréolas douradas. A palavra *ícone* deriva do termo grego que significa "imagem", e ícones, representações pictóricas pintadas em painéis de madeira, apenas imagens de temas religiosos. Contudo, o que se vê quando se olha para um ícone não deve ser uma ilusão; como o escritor e monge Thomas Merton expressou: "O que alguém 'vê' em oração diante de um ícone não é uma representação externa de uma personagem histórica, mas uma presença interior em luz."

O padre holandês Henri J. M. Nouwen, em seu livro *Behold the Beauty of the Lord: Praying with Icons*, elabora melhor esse conceito. Ele escreve: "Os ícones não são fáceis de 'ver'. Eles não falam imediatamente aos nossos sentidos. Eles não excitam, fascinam, despertam emoções ou estimulam a imaginação. De início, eles até parecem meio rígidos, sem vida, esquemáticos e tediosos. Não se revelam a nós à primeira vista. É apenas gradualmente, depois de uma paciente e reverente contemplação que eles começam a falar conosco. E quando eles falam, falam mais aos sentidos interiores que aos exteriores. Falam ao coração que busca por Deus."

A origem dos ícones não é bem conhecida; segundo a lenda, o primeiro ícone foi feito quando um rei, prestes a morrer de lepra, enviou uma mensagem implorando que Jesus o visitasse para curá-lo. Como estava passando pelos arredores de Jerusalém e a sua crucificação era iminente, em vez disso Jesus lhe mandou um presente imbuído de poderes curativos: um tecido com a sua face gravada.

Considera-se que o primeiro pintor de um ícone foi o apóstolo Lucas, cujo modelo era Maria. No final do século VII, porém, os ícones foram condenados pela Igreja como "pinturas ilusórias que corrompem a inteligência ao excitar prazeres vergonhosos", segundo o Concílio Quinisexto redigido em 692 – apesar de ainda reconhecer a utilidade dos ícones "para expor à visão de tudo o que é perfeito". Os iconoclastas – aqueles que pretendiam destruir os ícones sob a acusação de que não passavam de ídolos – alcançaram o seu objetivo no século VI, quando o papa e imperador Leão III ordenou a remoção dos ícones públicos. Contudo, mais tarde a iconografia foi revitalizada, desfrutando de uma era de renascimento durante os séculos XIV, XV e XVI na Rússia – um lugar que continua incentivando o uso de ícones até hoje. Para os cristãos ortodoxos russos, os ícones são lembranças da presença de Deus, e são venerados em mostruários especiais dentro de casa, chamados de *krasniy ugol* ou canto bonito.

Na verdade, sente-se que se alguém realmente pretende orar com ícones, deve-se viver com eles – e Jim Forest, autor de *Praying with Icons*, sugere que se deve ter um "canto do ícone". Escreve Forest: "Porque os ícones são objetos tangíveis, eles funcionam como estímulos para manter os olhos abertos enquanto oramos", e "O mero gesto de olhar atentamente para um ícone e deixar que Deus fale com você é orar".

Orar com ícones implica uma série de níveis; não só oramos com ícones já prontos, mas o artista incorpora a oração no próprio ato de criação. Na verdade, o nível de ritual e concentração por trás da criação de um ícone é profundo. Os ícones não são assinados porque se crê que Deus é o verdadeiro artista. Um artista "concebe" um ícone depois que ele, ou ela, se preparou para a tarefa recorrendo à oração, ao jejum e à meditação para que a imagem fosse revelada, não imaginada. Em outras palavras, qualquer elemento de fantasia ou imaginação é firmemente desencorajado pelos líderes da Igreja Ortodoxa, para evitar a adoração a um objeto da inspiração humana – e não divina. Assim, o que vemos num ícone se destina a ser um retrato da realidade espiritual, não uma semelhança exata da realidade física.

Contudo, paradoxalmente, que Jesus Cristo, em particular, seja representado em forma física é uma parte importante da iconografia. Como o monge e poeta São João Damasceno, cuja vida abarcou a virada do século VII para o VIII, disse em resposta à questão dos ícones serem ou não idolátricos: "Desde que o Espírito invisível se tornou visível ao se fazer carne, pode-se talhar a imagem daquele que se viu. Como ele que não possui nem corpo, nem forma, nem quantidade e tampouco qualidade, que excede todo o esplendor pela excelência da sua natureza, ele, sendo de natureza divina, assumiu a condição de escravo e reduziu a si mesmo à quantidade e qualidade ao se investir de feições humanas. Portanto, retrate na madeira e apresente para contemplação aquele que desejou se tornar visível."

Os ícones, então, tornam-se parte de uma corrente de oração, que começa com o artista antes do ícone ser criado e continua enquanto o ícone é feito. Quando o ícone está pronto, ele se transforma num meio de estabelecer um ambiente piedoso – e, talvez, um portal para uma Dimensão Divina.

Sugestões para iniciar a exploração

- Folheie livros que mostrem ícones, ou compre um livro como *Behold the Beauty of the Lord: Praying with Icons* de Henri Nouwen, ou *Praying with Icons* de Jim Forest. Que imagens cativam você? Fique atento às suas reações físicas e emocionais.
- Tente criar um canto de oração com fotografias ou imagens que lhe comovem a alma. Ore diante delas, e observe como a sua vida de oração é afetada por essa prática.

IKEBANA

O Caminho da Flor

Onde melhor que em uma flor, doce na sua inconsciência, perfumada em virtude do seu silêncio, podemos representar o desabrochar de uma alma virgem?

— Kakuzo Okakura

Mesmo que a prática do ikebana, a tradição japonesa altamente disciplinada de arranjo floral, talvez não seja imediatamente associada com a oração, existem razões por que deveríamos fazer tal associação. De acordo com Kakuzo Okakura, autor de *The Book of Tea*:* "As lendas atribuem o primeiro arranjo de flores aos primeiros santos budistas que colhiam as flores espalhadas pela tempestade e, na sua

---

* *O Livro do Chá*, publicado pela Editora Pensamento, São Paulo, 2009.

infinita compaixão por todas as coisas vivas, as colocavam em vasos de água."

Outros estudiosos concordam que o ikebana – que significa "arranjo floral" em japonês – possui raízes espirituais, ressaltando que no século VI, oferendas rituais de flores começaram a ser realizadas nos templos budistas. Um princípio importante do arranjo é o posicionamento dos elementos: tanto as flores quanto os ramos intencionalmente costumam ser arrumados de maneira a apontar para o alto para representar a fé do artista.

Existe uma história por trás da prática de fé; acredita-se que o ikebana foi concebido depois que um homem japonês chamado Ono no Imoko viajou para a China no século VI, em seguida retornando ao Japão para se tornar um abade. Durante a viagem, ele foi apresentado à prática de arranjo floral como oferenda religiosa, e conservou a prática mesmo depois de se aposentar. Existe uma variedade de escolas representantes de diferentes estilos de ikebana; diz-se que a mais antiga delas se desenvolveu a partir da prática de Imoko.

Essas escolas surgiram no início do século V com o *rikka*, um estilo de arranjo floral que refletia o próprio nome, que significa "flores eretas". Essa escola inspirou o arranjo floral que representava o símbolo budista do universo, o Monte Sumeru. Procurando refletir o esplendor da natureza, o estilo é altamente simbólico e sofisticado, apesar de obsoleto hoje em dia. No entanto, o zen-budismo e o seu simbolismo permanecem uma forte influência na prática do ikebana; todos os arranjos são criados com elementos que representam o céu, a terra e a humanidade. Um arranjo esmerado combina esses três elementos quando um ser humano colhe as flores da terra para representar as qualidades do céu.

Ruth Grosser, uma artista ocidental de ikebana, explicou tanto as origens quanto os efeitos da prática quando escreveu: "O ikebana influenciou muitos artistas. Os mestres samurai e zen descobriram a essência. A mente e o corpo estão relaxados. O eu total está concentrado na arte."

De fato, é esse aspecto do ikebana – perder a si mesmo no ato de criação – que inspirou outros dois escritores a explorar o ikebana como uma forma de oração ou meditação. No livro *The Japanese Way of the Flower: Ikebana as Moving Meditation*, os autores H. E. Davey e Ann Kameoka expressam isso da seguinte maneira: "Trabalhar com conceitos como esses (no ikebana) requer uma consideração da natureza do tempo e do seu significado em nossa vida. Colocar a mente no presente e observar a nós mesmos no presente é a essência da meditação – ela permite que entremos num estado sem passado e sem futuro. Nesse momento eterno, descobrimos que não há nenhum nascimento, nenhuma morte, nenhum tempo e nenhum medo."

Além do mais, ressaltam os autores, não existe nada como uma forma de oração dependente dos elementos que logo murcham e fenecem para reforçar o conceito – e a prática – do desapego. A resposta de ambos para aqueles que se intrigam com a fragilidade dessas ferramentas espirituais? "Esses indivíduos não conseguiram compreender que o simples fato das flores não durarem é o que torna o arranjo e a sua apreciação especial", escrevem Davey e Kameoka. "Essas mesmas pessoas sofrem com a ilusão de que alguma forma permanente de arte existe. Não existe. A beleza está no momento, e a compreensão da sua natureza transitória é o que nos incentiva a viver cada instante plenamente, com a totalidade do corpo e da mente."

Quer alguém siga uma escola particular de ikebana como uma disciplina espiritual, ou simplesmente prefira considerar o arranjo floral como uma forma visual de oração, existem muitas associações metafóricas que enriquecerão a prática. Afinal de contas, o lótus é o símbolo do desenvolvimento espiritual na tradição budista, assim como a rosa é espiritualmente significativa na tradição cristã. Talvez, como escreveu Luther Burbank, porque: "Não existe nenhuma outra porta para o conhecimento além da porta que a natureza abre; não existe outra verdade salvo as verdades que descobrimos na natureza."

Sugestões para iniciar a exploração

- Que flores o atraem – que flores representam a vida espiritual para você? Comece colocando essas flores no seu altar ou no recanto onde você ora e medita.
- Tente expressar diferentes atributos do Divino por meio do arranjo de flores. Qual seria a aparência da majestade? Que flores você utilizaria para representar piedade? Compaixão?
- *The Language of Flowers* é um livrinho clássico que explica o significado folclórico por trás das flores – por exemplo, o alecrim significa recordação. Prestar atenção ao significado das flores pode acrescentar outra dimensão de significado ao Caminho da Flor, quando ele for usado como prática de oração.

MÚSICA INSTRUMENTAL

Simbolizando o Anseio pela Harmonia

A oração é o mundo em sintonia.

— HENRY VAUGHAN

Embora a música instrumental faça parte do culto nas tradições de todos os lugares do mundo, nem sempre foi assim. Na igreja cristã, especialmente, acompanhar ou não o louvor público com música foi uma fonte de controvérsia durante séculos – e até hoje determinadas igrejas não utilizam a música instrumental porque não acreditam que Jesus Cristo aprovaria o seu uso na missa.

Apesar de um verso bíblico estimular o seu uso – "Falai entre vós com salmos, hinos e cânticos espirituais. Cantai e salmodiai o Senhor em vossos corações" (Efésios 5:19) – a música não aparece no culto da igreja cristã até o século VI;

os órgãos primeiro foram usados nas igrejas da Europa Ocidental no século VII. Por que essa resistência a algo que tantos julgam ser capaz de elevar os nossos corações aos céus?

O teólogo italiano Tomás de Aquino respondeu essa pergunta com a seguinte explicação: "Porque esse gênero de instrumentos musicais incita mais a alma ao prazer do que cria uma boa disposição no seu íntimo." E o antigo filósofo cristão Agostinho declarou a sua opinião de maneira ainda mais enfática: "Aqui a flauta, o tamborim e a harpa se associam tão intimamente aos lascivos cultos pagãos, assim como as orgias bárbaras e as encenações obscenas do teatro e do circo degenerados, que é fácil entender os preconceitos contra o seu uso no culto."

Em outras culturas, ocorrem ecos dessa preocupação; por exemplo, os monges budistas podem se dedicar à execução de músicas religiosas, mas não podem cantar, dançar ou tocar instrumentos seculares devido à natureza sensual dessas práticas. No culto budista, porém, a música desempenha um papel importante; os monges entoam as escrituras e tocam instrumentos rítmicos, esses últimos principalmente para marcar as passagens do culto. No budismo Vajrayana, mesmo visualmente, os instrumentos desempenham um papel: o cetro e o sino ritualísticos representam aspectos da iluminação – compaixão e sabedoria. O próprio Buda, usando uma imagem musical, ensinou: "Em mãos atentas e amorosas, um pequeno sino anima milhares de seres infelizes."

Na Índia, a música instrumental é usada na oração ao longo da história, e existem divindades hindus que são afiliadas com a música. Saraswati, que toca um instrumento de cordas, é a deusa da música; Krishna toca flauta, Shiva carrega um tambor e um instrumento de sopro, enquanto Vishnu carrega o búzio, conhecido como *sankha*, que é associado às orações.

Em todas as culturas, a música pode ser usada como meio de alterar a percepção; no transe xamânico, o ritmo constante dos tambores, sinos e outros instrumentos pode transportar o ouvinte para outra dimensão da consciência. O fenômeno conhecido como "entretenimento" une os espectadores fisiologicamente, como uma cadência rítmica que convida os corpos a vibrar no mesmo compasso.

A música pode ser usada como uma forma de oferenda ou uma tentativa de expressar a majestade do Divino; quem nunca perdeu o fôlego ao ouvir a música de Bach? E a execução de instrumentos também pode ser usada como uma forma de prática de oração, um modo pelo qual comungar com o Divino.

Quantidades cada vez maiores de pessoas buscam promover uma apreciação e compreensão mais intensas do papel da música espiritual; uma organização devotada a essa tarefa é o World Festival of Sacred Music. Numa declaração feita para a WFSM [World Festival of Sacred Music], Sua Santidade, o Dalai Lama, escreveu: "Entre as muitas formas pelas quais o espírito humano tentou expressar as sensações e anseios mais íntimos, a música é talvez a mais universal. Ela simboliza os anseios por harmonia, consigo próprio e com os demais, com a natureza, com o espiritual e com o sagrado dentro de nós e ao nosso redor. Existe algo na música que transcende e une. Isso é evidente na música sacra de todas as comunidades – uma música que expressa o anseio universal que é partilhado por gente de todas as partes do globo."

Sugestões para iniciar a exploração

- Existe algum trecho (ou trechos) de uma música com o qual você experimenta o Sagrado? Quando foi a primeira vez que você teve essa experiência? Você sente as mesmas coisas agora ao ouvir esse trecho como quando o escutou pela primeira vez? Enquanto ouvi-lo atentamente, observe as palavras, frases ou sentimentos que surgem.
- Experimente orar com música ao fundo e orar em silêncio. Uma consegue aprofundar a experiência mais que a outra? Como elas diferem? Essa diferença é sempre a mesma?
- Tente tocar um instrumento enquanto ora – quer seja o piano, uma flauta, um chocalho, tambor ou um pau de chuva. Observe se acrescentar música realmente favorece a sua experiência espiritual.

LABIRINTOS E CAMINHADAS DE ORAÇÃO

Metáforas da Jornada Espiritual

Todos aqueles que caminham com
Deus chegam ao seu destino.

— Sai Baba

Há mais de 4.000 anos, as pessoas costumam percorrer alguma forma de labirinto; as tradições religiosas que incorporam o seu uso variam dos índios norte-americanos aos gregos, dos celtas aos maias. Labirintos de relva que reverenciam o feminino ainda podem ser encontrados na Europa; eles são no mínimo um milênio mais antigos que o nascimento do cristianismo.

O uso cristão dos labirintos floresceu durante a Idade Média; os labirintos ainda existem em Chartres e outras catedrais na França e na Alemanha. Eles eram um substituto importante quando as pessoas não conseguiam fazer uma peregrinação até a Terra Santa; uma representação simbólica dessa jornada, às vezes eles eram criados a partir de materiais naturais como pedras, areia e farinha de trigo.

Ao contrário da circundação que implica caminhar ao redor de um espaço sagrado, o objetivo de se percorrer um labirinto é o que está sendo percorrido. Comparou-se o labirinto a um cordão umbilical, e como tal ele não oferece nenhum beco sem saída; ele não é como o *maze*, o típico labirinto dos jardins ingleses. Existem três modelos predominantes de labirinto, cada qual com um número determinado de circuitos: sete, onze e doze.

De acordo com a reverenda Lauren Artress, autora de *Walking a Sacred Path: Rediscovering the Labyrinth as a Spiritual Tool* e a pessoa amplamente reconhecida pelo recente ressurgimento do labirinto como prática popular de oração, o labirinto é uma metáfora para a vida – a maneira como se "atravessa" o labirinto é a mesma com a qual se "atravessa" a vida. Por exemplo, você sairia do labirinto para deixar os outros passarem, ou não arredaria pé para que os outros precisassem abrir caminho para você?

E, como em todos os dias da nossa vida, cada vez que cruzarmos o labirinto obteremos novos pontos de vista. A experiência do labirinto pode ser enriquecida por meio da incorporação de diferentes interesses; podemos usá-lo como veículo para ponderar sobre uma questão, lidar com a dificuldade para perdoar, ou simplesmente para acalmar e reanimar a nós mesmos. Podemos percorrê-lo descalços, dançando ou pulando os circuitos; podemos registrar como o nosso andar muda quando entramos e quando saímos. Alguns defendem que os labirintos são capazes de alterar a consciência e equilibrar as energias em virtude dos movimentos necessários para percorrê-los, ativando as funções do lado direito e também do lado esquerdo do cérebro.

Como um espelho da jornada espiritual, a experiência do labirinto possui três estágios: purgação, no qual as circunstâncias da vida cotidiana são atenuadas; iluminação, o momento de meditação e oração; e união, se aproximar de Deus e ser fortalecido para a missão no mundo. Em formato circular, o labirinto é penetrado através de uma abertura que então se espirala conforme se trilha o seu intricado trajeto sinuoso até o centro. Deixa-se o labirinto pelo mesmo caminho tortuoso – mas se a jornada é cumprida atentamente, a rota de retorno não parecerá repetitiva.

Além do labirinto, existem outras formas de prática de oração que envolvem caminhar, incluindo o tipo de caminhada meditativa ensinada pelo monge budista vietnamita Thich Nhat Hanh. Como outras formas de meditação ativa, a intenção por trás da caminhada de meditação é usar a respiração para sintonizar no momento presente, para descobrir as alegrias inerentes ao aqui e agora, e prolongá-las ao guardar esse presente sereno dentro de si. Thich Nhat Hanh demonstra esse argumento lindamente quando nos pede para lembrar que "caminhar sobre a água não é nenhum milagre. Milagre é caminhar nessa Terra".

Outra forma de prática ativa denominada "caminhada de oração" é abordada segundo uma variedade de ângulos. Nos anos 1970, surgiu esse movimento cristão informal: os praticantes escolhiam um local por onde caminhar, depois rezavam pelas pessoas que encontravam, assim como pelos moradores não avistados das casas pelas quais passavam. Essa forma de caminhada de oração às vezes era realizada em equipes, usando como inspiração os versos da Bíblia tal como o Salmo 25:4 ("Faze-me, Senhor, conhecer os teus caminhos, ensina-me as tuas veredas") e Isaías 30:21 ("Quando te desviares para a direita e quando te desviares para a esquerda, os teus ouvidos ouvirão atrás de ti uma palavra, dizendo: 'Este é o caminho, andai por ele'").

Outras formas de caminhada de oração são praticadas na solidão, com o propósito de se comunicar com o Divino. As sugestões para usar esse tempo incluem pedir a Deus para lhe mostrar algo relevante para qualquer problema que você esteja enfrentando, oferecer gratidão a Deus pela beleza que você vê ao seu redor, orar por todos que se encontram em especial dificuldade, transmitir energia amorosa para o resto do mundo, ou simplesmente superar sentimentos de raiva ou temor. Como descreve Linus Mundy, autor do *The Complete Guide to Prayer-Walking*, a caminhada de oração é "um exercício que engloba e serve todas as partes do ser humano: a mente, o corpo, o espírito (ou alma). É o exercício de oração que possibilita olharmos para dentro e para fora de nós mesmos simultaneamente".

Para Joan Currey, subdiretora de programas comunitários do San Francisco Theological Seminary e que também lidera pequenas peregrinações às catedrais na França, é o aspecto físico de percorrer o labirinto que é profundamente importante: "Ele coloca todo o seu ser em harmonia com a oração. Demora um tempinho até conseguir entrar no ritmo – mas depois você mergulha no ritmo certo para você. Conseguir envolver o corpo parece transformá-la num período de oração mais consistente – sobretudo se isso não for complicado, de maneira que você não precise se concentrar no movimento em si. Ele literalmente dá corpo à oração – sem isso, parece que falta alguma coisa."

Atravessar labirintos seculares, assim como o de Chartres, é profundamente satisfatório para Joan: "Isso tem uma tradição tão longa – é como ir a um lugar onde já se orou muito; temos a sensação de que os fiéis ainda continuam lá. É como se ele estivesse mergulhado em oração, como se o caminho já estivesse aberto para você. E isso leva à pergunta: será que Deus trouxe as pessoas para cá porque esse é um lugar sagrado, ou as pessoas agem assim por causa das orações, ou ambos?"

Quando Joan acaba de atravessar um labirinto, ela cuida em seguida para passar algum tempo com a sua experiência: "Com qualquer uma dessas experiências de oração, é a reflexão posterior que pode expandir e aprofundá-la – foi T. S. Elliot quem disse: 'Nós ganhamos a experiência, mas perdemos o sentido.' Por isso eu sempre reservo um tempo para refletir a respeito mais tarde – então, é como se tocassem um sino que badala sem parar."

Sugestões para iniciar a exploração

- Experimente a meditação ativa quando caminhar. Preste atenção a cada movimento do seu corpo, enquanto você repete uma frase que tenha significado espiritual para você.

- Use um percurso próximo ou rotineiro como oportunidade para orar por todos que você encontrar no caminho.
- Experimente a caminhada de oração num labirinto.

MANDALAS

O Caminho para o Centro

Eu compreendi que tudo, todos os caminhos que segui, todos os passos que dei, conduziam de volta a um único ponto – ou seja, o ponto central. Para mim ficou cada vez mais claro que a mandala é o centro. Ela é o exponente de todos os caminhos. É o caminho para o centro, para a individuação [...]. Compreendi que ao descobrir que a mandala era uma expressão do eu que eu atingira o que seria o auge para mim.

— CARL GUSTAV JUNG

Uma arte espiritual, as mandalas têm uma história que se estende por séculos no passado, surgindo como uma importante prática de meditação no hinduísmo e no budismo, em particular no budismo tibetano. A *mandala* – palavra em sânscrito que significa "círculo" – também é uma combinação do sânscrito *manda*, que significa "essência", e do sufixo *la*, "recipiente". E de fato, muitas tradições espirituais ao redor do mundo criaram e meditaram sobre a mandala como um "receptáculo da essência".

Devido à sua forma basicamente circular, com um centro inerente, a mandala é um símbolo de totalidade. Ela é tanto um microcosmos quanto um macrocosmos; dentro dela, acredita-se, podemos contemplar a nós mesmos – e podemos contemplar o universo. Nas tradições hindu e budista, diz-se que a meditação sobre uma mandala promove o estado essencial da existência que só é atingido quando alguém encontra o Divino, que as mandalas – e as suas contrapartes geométricas, os yantras – são uma passagem para o Espírito. Embora todas as mandalas sejam elementos visuais, elas são feitas de uma variedade de maneiras. Tanto na tradição tibetana quanto na dos índios Navajo, a impermanência é um componente simbólico fundamental na criação das mandalas; nessas culturas, mandalas intricadas são criadas com areia colorida e depois destruídas.

Gail C. Jones é uma educadora, consultora e diretora espiritual que desenha mandalas como uma prática de oração regular há quase dois anos. "A ideia da prática das mandalas em parte veio da descoberta de que Carl Jung desenhava uma mandala todo dia como meio de entrar em contato com a própria alma", diz Gail. "E como o meu jeito normal de ser é um 'tipo racional', eu preciso de recursos que me ajudem a conseguir romper a superfície. Para mim, a poesia e o desenho foram meios de desvendar a alma profunda e trazer as intuições para a luz do dia.

"Fazer mandalas abriu toda uma nova faceta do meu ser. O desenho atinge o inconsciente coletivo – por exemplo, eu comecei uma série de corações com olhos no centro. Mais tarde, descobri que se tratava de um símbolo nos medalhões dos alquimistas do século XIV: o olho do coração. Era tão incrível que algo dentro de mim fosse parte de algo mais profundo e mais antigo, sintonizado com alguma coisa que está muito abaixo da superfície.

"Quando trabalhamos com a exploração espiritual, precisamos trabalhar com arte – liberar aquilo que está abaixo da superfície para que possamos entrar em contato com a alma do universo. Quando procuramos perfeição em vez de plenitude, acabamos metidos em encrencas. Geralmente esse negócio de 'perfeição' tem a ver com o que outra pessoa acha perfeito, em vez de explorar por que sou chamado de uma expressão individual de Deus?

"O círculo da mandala é o que tem sido útil para mim – existe uma totalidade no círculo. Ele é um símbolo ancestral, em todas as culturas. Há algo de arquetípico nisso. Eu apenas me sento, desenho o círculo e espero até algo surgir. Dou um título a cada mandala, e descobri que essa é uma prática muito útil – é uma disciplina muito importante. Às vezes as imagens me parecem mundanas – mas assim é a nossa jornada às vezes; as nossas mandalas conseguem refletir todos os aspectos da nossa experiência.

"Normalmente eu as crio de maneira intencional – acendo velas flutuantes, escrevo no diário ao mesmo tempo, em geral depois de fazer uma mandala. A minha primeira prática de oração foi intercessora – ler a Bíblia e refletir a partir disso. Agora, em vez de começar com uma coisa conhecida, eu começo por mim mesma. Para mim, é um novo caminho da jornada – eu confio menos na palavra escrita e mais no que a minha alma diz."

Quer você explore a meditação nas imagens das mandalas clássicas, ou prefira criá-las, como Gail faz, uma descoberta aguarda por você. O filantropo francês Albert Schweitzer poderia estar descrevendo as mandalas quando escreveu: "Todas as vezes em que penetramos o coração das coisas, sempre encontramos o mistério. A vida e tudo que a acompanha é insondável[...]. Conhecer a vida é reconhecer o mistério."

Sugestões para iniciar a exploração

- Tente fazer a sua própria mandala, ou manter um diário mandala. Preste atenção nos símbolos e cores que não cessam de aparecer nas suas mandalas. Como Susanne Fincher sugere no livro *Creating Mandalas*, procure designar os seus próprios significados a todas as cores e imagens que lhe vierem à mente. O que a cor vermelha, figuras de pássaros e uma forma espiral significam para *você*? (Fincher também inclui uma seção dos significados multiculturais das cores, imagens e formas particulares.)
- Para determinadas práticas da mandala, folheie o livro *Mandala* de Judith Cornell. No seu livro ricamente ilustrado, ela oferece uma série de exercícios de meditação para se experimentar.

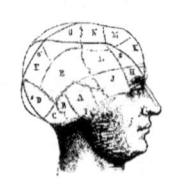

GRUPOS DE APOIO

Como Entrar em Contato com a Inteligência Infinita

Quando duas ou mais pessoas cooperam num espírito de harmonia, e trabalham em prol de um objetivo definido, por meio dessa aliança, elas se colocam a postos para absorver energia diretamente do grande reservatório universal da Inteligência Infinita. Essa é a maior de todas as fontes de poder.

— NAPOLEON HILL

Os Master Mind Groups têm seguimento em reuniões de oração e outros grupos de apoio, animados pelo verso do Novo Testamento no qual Jesus disse que "onde estiverem dois ou três reunidos em meu nome, ali estou no meio deles" (Mateus 18:20). A manifestação moderna desse tipo de coletivo, o termo Master Mind Group, foi criado no final da década de 1930 pelo escritor americano Napoleon Hill, que acreditava que a energia de um grupo, unido em concentração mental e desígnio espiritual, "se torna tão intensa que penetra e se une à energia universal".

A crença de Hill no poder do coletivo para levar seus membros a novos patamares de experiência e compreensão surgiu quando, contratado por Andrew Carnegie para entrevistar centenas de pessoas bem-sucedidas e explorar as razões do seu sucesso, ele descobriu que muitas delas participavam em alguma medida de Grupos de Apoio. O fenômeno parecia ser quase magnético; os grupos cujos membros permaneciam concentrados atingiam níveis extraordinários de sucesso pessoal e profissional. Como Hill explicou: "Quando um grupo de cérebros individuais é organizado e coopera em harmonia, a energia amplificada criada por meio dessa aliança se torna disponível a todos os cérebros individuais do grupo."

Embora os Grupos de Apoio possam ser mais seculares ou de diretriz superficial – apenas mais uma ferramenta de desenvolvimento pessoal para conquistar o sucesso mundano e não para aprofundar a experiência de Deus de alguém – eles também podem ser usados como uma forma poderosa de prática de oração. O falecido Jack Boland, ministro da unidade de Michigan, preencheu a lacuna deixada por Napoleon Hill, criando uma série de livros de exercícios, agendas de planejamento e manuais sobre os princípios do Master Mind introduzidos por Hill. Eles ainda são publicados pela Church of Today em Warren, Michigan, perto de Detroit, cujo rol recente de ministros inclui a autora e ativista Marianne Williamson.

Como a Church of Today explica nos seus materiais informativos: "O Princípio do Master Mind é um método científico para concentrar o poder do pensamento com o propósito específico de estabelecer uma ligação direta com o Grupo de Apoio [...]. Com o auxílio do Princípio do Master Mind, você combina a sua força com a de pelo menos uma outra pessoa – assim como a de um Poder Superior. O princípio se baseia na antiga premissa de que as energias combinadas de duas ou mais pessoas com ideias afins são muitas, muitas vezes superiores à soma das energias individuais envolvidas."

Para atingir esse objetivo, os praticantes do Princípio do Master Mind fornecem sugestões para se criar um Grupo de Apoio bem-sucedido. A primeira é manter o grupo relativamente limitado; entre duas e sete pessoas é considerado um ótimo número. A intenção e a finalidade comuns de todos os membros são extremamente importantes, bem como a disposição de apoiar – e permanecer – no processo.

Apesar de um facilitador ser útil para liderar um Grupo de Apoio, todos os membros do grupo são considerados iguais – e o Master Mind, Deus, é reconhecido como o verdadeiro líder do grupo. Já que o Master Mind Group é uma forma de grupo de apoio, os membros devem respeitar o sigilo e permanecer em contato uns com os outros.

Os Grupos de Apoio podem se reunir uma vez por semana ou uma vez por mês; eles podem se encontrar em qualquer ambiente propício ao seu objetivo – na casa ou escritório de um dos membros, um restaurante ou uma igreja. Os temas que os Grupos de Apoio podem querer explorar incluem iniciativa, prosperidade, saúde e felicidade.

Assim que o grupo estiver organizado, o ministro Boland aconselhava a seguir oito passos para se atingir a Consciência do Grupo de Apoio:

1. Render-se
2. Acreditar
3. Preparar-se para ser transformado
4. Decidir ser transformado
5. Perdoar
6. Pedir
7. Dar graças
8. Dedicar a própria vida.

Sugestões para iniciar a exploração

- Pense nas pessoas da sua comunidade que partilham valores semelhantes e com quem você se sente à vontade. Quais delas poderiam se tornar bons parceiros num Grupo de Apoio? Apresente-lhes o trabalho de Napoleon Hill ou Jack Boland, e forme um Grupo de Apoio com aqueles que se entusiasmam para explorar possibilidades.
- O que é mais urgente – a que você precisa dedicar a sua vida nesse exato momento? Existem esferas da sua vida que poderiam ser fortalecidas devido ao apoio da oração de outras pessoas? Descubra o poder do desígnio sagrado criando estruturas de apoio que se concentrem em questões particulares da sua vida – tal como um Grupo de Apoio. Abundância, união espiritual e relacionamentos são todos temas possíveis.

MEDITAÇÃO E PRÁTICAS DE RESPIRAÇÃO

Inspirando o Espírito de Deus

Orar é expirar o espírito do homem e inspirar o espírito de Deus.

— EDWIN KEITH

Tanto se escreveu sobre a meditação e as práticas de respiração que o principiante que desejar começar a meditar talvez acabe confuso. Nesse contexto, o comentário do mestre espiritual Swami Chetananda sobre a meditação é particularmente útil, pois ele usa uma metáfora que coloca a prática de oração em termos que qualquer um é capaz de compreender: "Quando você está com alguém que ama muito, vocês podem conversar e isso é agradável, mas a realidade não está no diálogo. Ela reside em simplesmente estar juntos.

A meditação é a forma mais elevada de oração. Nela você fica tão perto de Deus que não precisa dizer coisa nenhuma – é apenas maravilhoso estar juntos."

Embora a meditação seja praticada de alguma maneira por todas as religiões do mundo, incluindo o sufismo, o islamismo e o judaísmo, a sua associação predominante é com as religiões orientais, especialmente o budismo. E para discutir sobre a meditação com quem segue o caminho cristão, deve-se levar em conta uma importante diferença semântica: a diferença entre *contemplação* (como os cristãos chamam a prática à qual nos referimos aqui por "meditação") e a definição cristã de *meditação* – uma reflexão disciplinada sobre os conceitos e experiências espirituais.

Além das diferenças na terminologia, existem diferenças na experiência da meditação; a meditação pode resultar de uma experiência mística do transcendente ou ser uma ferramenta para escapar do mundano, dependendo da motivação e atitude da pessoa. Também existem formas variantes de meditação, incluindo as que envolvem o uso da concentração (repetir um mantra ou palavra, como na Meditação Transcendental ou na Oração Centrante); a meditação intuitiva, que ajuda o praticante a desenvolver mais atenção; e o *zazen*, a postura de meditação do Zen, cuja finalidade é esvaziar a mente, usando a respiração. Como escreve Thich Nhat Hanh: "Quando o lago da mente está sereno, todas as maravilhas se refletem nele." A prática da meditação pelos ocidentais começou por volta do século IV com os Monges do Deserto, que provavelmente foram influenciados pelas ideias orientais encontradas no hinduísmo e no budismo.

Na década de 1960, o interesse pela meditação voltou a se espalhar, e os ocidentais passaram a adotar práticas do hinduísmo e do budismo. O fundador da Meditação Transcendental (MT), Maharishi Mahesh Yogi, pediu que cientistas estudassem o seu efeito sobre os praticantes; aqueles envolvidos na prática de meditação demonstravam ter mais resistência ao stress, menores riscos de adoecimento, e taxas mais altas de relaxamento e sensações de bem-estar. Isso promoveu uma certa secularização da meditação; ela era vista mais como uma técnica de redução do stress do que uma prática espiritual. Quem usa a meditação como prática espiritual sem dúvida atribui os seus efeitos de cura à sua importância para a comunicação com Deus, transformando a existência material cotidiana na sensação concreta do Espírito.

Não importa a forma de meditação que você escolher, quer você contemple uma chama, regule a respiração, ou repita um mantra, o que é importante – como em qualquer prática espiritual – é a simples intenção com a qual ela é realizada e o desejo de experimentá-la. Imagine que a meditação é como respirar as orações, como criar o espaço para ficar na presença de Deus, para conhecer Deus – talvez até se tornar um só com Deus.

Já se falou que meditar significa ouvir a voz de Deus, para receber orientação acerca da caminhada da vida. Como a história a seguir demonstra, ter consciência da respiração e usá-la para ajudar a afirmar "o mais puro e o mais sagrado" também é uma recompensa importante pelas práticas meditativas – mesmo de curta duração.

Enfermeira aposentada, a reverenda Louise Dunn é ministra ordenada e chefe da igreja agora com 270 membros que fundou, em Indianápolis, a Church Within. Por ser conselheira e diretora espiritual a sua agenda é cheia de encontros individuais, e para esse trabalho intenso, solidário, Louise adaptou uma prática de oração que envolve a respiração.

"Eu a uso quando estou com alguém que está em dificuldades, seja para apoiar ou compreender", conta Louise. "Eu a chamo de 'Bênção dos Três Sopros'. Conscientemente, eu respiro fundo três vezes e, em silêncio, digo *Abençoe esse momento*, repetindo isso a cada inspiração. Eu sei que a minha intenção é centrar no meu Deus interior, portanto, a respiração e a bênção me levam a um patamar mais profundo de atenção.

"Como eu atinjo um novo nível do ser, as pessoas que estão comigo reagem. Isso é de uma eficiência impressionante. Certa vez eu estava com alguém, que me procurou por indicação de outro conselheiro, e que manifestava uma grave patologia – a energia que essa pessoa irradiava era puro ódio. Usei a oração para transformar a energia na sala e começar a invocar a presença do mais puro e mais sagrado naquela pessoa.

"A personalidade não mudou, mas a pessoa começou a se acalmar. Ao longo da sessão, continuei repetindo a prática – existe alguma coisa nela que envolve a mim e a outra pessoa na proteção do Espírito. É rápido, e provavelmente poderia ser feito com apenas um sopro – mas o três é um número muito espiritual, eu sinto que preciso dele.

"Vivemos uma era de expectativa – esperamos resultados instantâneos. A nossa evolução como espécie sofreu um notável avanço; tecnologicamente, nós somos velozes demais, e necessitamos do equivalente em Espírito. Essa é a prática de oração mais rápida do mundo."

E quando explorarmos a meditação e as práticas de respiração talvez devêssemos manter uma coisa em mente – que o fruto é encontrado na prática, e podemos começar simplesmente por colocá-la em ação, em vez de esperar até descobrirmos a técnica "certa". Como Buda falou: "Seria melhor viver um único dia em busca de entendimento e meditação, do que viver cem anos em ignorância e limitação."

Sugestões para iniciar a exploração

- Experimente diferentes maneiras de atingir a quietude – admirar a chama de uma vela, repetir uma palavra que tenha um significado espiritual para você, prestar atenção na sua respiração. Quando os pensamentos o interromperem, disperse-os gentilmente e retome a prática.
- Tente usar a respiração durante a oração, como Louise sugere. Da próxima vez que você ficar apreensivo ou zangado, experimente a "Bênção dos Três Sopros". Em que outros aspectos da sua vida você poderia integrar as práticas meditativas e de respiração?

MILAGROS

Representações das Bênçãos do Céu

Vivemos hoje num mundo que parece carente de milagres, um mundo onde os milagres que acontecem passam despercebidos. Inspirados nos tradicionais talismãs mexicanos, os diminutos amuletos pessoais conhecidos como milagros *nos lembram que os milagres podem ser pequenos, podem ser numerosos, e podem acontecer todos os dias.*

— HELEN THOMPSON

Eles podem ser tão pequenos quanto uma unha, ou tão grandes quanto um coração, o que é apropriado para uma figura de prata que representa uma oração proferida com fervor. Os *milagros* ("milagres" em espanhol) são usados principalmente nas culturas do México e da América do Sul como representações tangíveis de uma oração de súplica ou oração de graças. Geralmente feitas de prata, ligas metálicas ou estanho, os milagros são cunhados em todos os formatos e tamanhos; os menores dentre eles são chamados de *milagritos*.

Os milagros provavelmente têm suas origens na prática de ofertar *ex-votos* ("por causa de uma promessa" em latim) ou oferendas votivas aos santos. Quando se fazia um pedido de oração para um santo, também se fazia um voto – para executar determinada ação em retribuição. Para selar o pacto espiritual, providenciava-se um símbolo, oferecido ao santo evocado. O costume dos ex-votos, encontrado no templo do deus da cura Asclépio, não só foi documentado na Grécia clássica, mas ainda é praticado até hoje em diversos países, incluindo Marrocos, Índia e Irã.

Os milagros e os seus derivantes também são feitos de vidro, cerâmica, gesso, cera, madeira – até de açúcar. As oferendas de açúcar sempre encontradas em altares no Peru e na Bolívia, são chamadas de *mysteriosos* ("coisas misteriosas") e são usadas para homenagear as figuras de Ekkeko, o deus andino da abundância.

Contudo, o tipo de milagros visto com maior frequência é aquele em forma de partes do corpo – uma perna, olhos, seios. Esses milagros são usados como orações para curar a parte do corpo representada – ou como agradecimento por uma cura que ocorreu. Às vezes, a pessoa que reza escreve o nome da pessoa que precisa da cura, ou até uma oração inteira, diretamente no milagro, mas esse detalhe não é considerado obrigatório para receber a ajuda Divina.

Além de partes do corpo, pode-se encontrar milagros que representam animais – usados em preces ora para o animal ser curado de uma doença ou comprado. Os milagros também fazem referência às divindades, tais como o sagrado coração de Jesus, e incluem imagens de pessoas ajoelhadas em oração, assim como os objetos sob os cuidados de alguém que precisam ser protegidos. Como as orações que incorporam o seu uso, os milagros são feitos um de cada vez, e são feitos por uma pessoa, não por uma máquina. Você encontrará milagros colocados em altares, afixados em estátuas ou outros símbolos sagrados; desde que ocorreu uma onda recente de interesse pelos milagros, pode-se encontrá-los incorporados em bijuterias. Você ainda pode comprar crucifixos cobertos com pequeninos milagros, representando as copiosas bênçãos dos céus.

E não deixe o seu tamanho reduzido ofuscar o seu lugar mais amplo na vida de oração. Como a autora Helen Thompson escreve, os milagros "são os símbolos de uma aliança entre um fiel e um espírito superior, uma testemunha tangível de que uma promessa foi cumprida [...]. Quer você considere o lugar deles na sua vida como um símbolo de que você anda experimentando alguma coisa nova ou como um recurso para se concentrar numa transição, os milagros oferecem uma abordagem alternativa para a espiritualidade".

Sugestões para iniciar a exploração

- Se você ou alguém que você conheça está precisando de cura, tente orar com uma pequena representação que simbolize o objeto das suas orações. É útil ter algo tangível para tocar ou olhar?

- Quando você receber uma bênção, procure exaltá-la com uma imagem concreta de gratidão. Por exemplo, você pode comprar uma planta natural para colocar no seu espaço de oração.

TEXTO SAGRADO PESSOAL

A Oração Cristalizada em Palavras

Pense com sinceridade, e os seus pensamentos
Alimentarão a fome do mundo.
Fale com sinceridade, e cada palavra sua
Será uma semente fértil.
Viva com sinceridade, e a sua vida será
Um grande e nobre credo.

— HORATIUS BONAR

Sem pensar, muitos de nós escolhem um diário especialmente bonito ou atraente onde colecionar poemas, citações, letras de música, passagens bíblicas e reflexões espirituais que nos tocaram de maneira profunda. Trata-se do início de uma prática de oração que podemos empregar conscientemente: a criação do nosso próprio texto sagrado.

No seu *Markings*, o ex-Secretário-Geral das Nações Unidas Dag Hammarskjöld escreveu: "A oração, cristalizada em palavras, produz um comprimento de onda permanente no qual o diálogo deve ser continuado, mesmo quando a nossa mente está ocupada com outros assuntos." Organizar um livro das palavras que mais nos comoveram, o nosso próprio livro de oração, enriquece a nossa vida até quando estamos ocupados com outras coisas, pois ele representa a declaração daquilo que consideramos mais sagrado no mundo, os valiosos preceitos segundo os quais nós vivemos.

Pouquíssimas pessoas escreveram sobre criar um texto sagrado pessoal; a única notável exceção é a escritora e terapeuta Bobbi L. Parish. No seu livro, *Create Your Personal Sacred Text: Develop and Celebrate Your Spiritual Life*, ela orienta o leitor a definir um texto, organizá-lo, selecionar material disponível, redigir uma escritura sagrada pessoal e usá-la. No primeiro capítulo, ela nos incentiva a honrar a nossa singularidade: "Jamais existiu, e jamais existirá, outro ser humano exatamente igual a você. Os seus pensamentos, a sua personalidade, ideias e atitudes permanecerão inimitáveis para todo o sempre. Consequentemente, ninguém tem ou terá algum dia a mesma compreensão e relação com o Espírito que você. A sua obra terá um valor incomparável com qualquer outra coisa que venha a ser feita."

Como uma criação singular, as possibilidades do seu texto são infinitas. Você é o escriba, divinamente inspirado por Deus, e pode incluir qualquer coisa que estimule a sua alma. Quer você use uma canção de Bruce Springsteen ou um cartão postal das coloridas paisagens primaveris de Pierre Bonnard, passagens do *The Cloud of Unknowing* ou uma imagem das nuvens pintadas por Georgia O'Keeffe, o seu texto sagrado pessoal será uma colagem única das coisas que animam o seu espírito. Durante a elaboração do seu texto, você descobrirá mais a respeito de si mesmo; embora você provavelmente se dedique ao texto durante o período de silêncio e meditação, o próprio ato criativo é também uma prática de oração.

A capa do seu livro de oração pode ser tão significativa quanto o conteúdo. A revista *Spirituality and Health* ofereceu um workshop virtual gratuito na internet sobre imaginar e criar o seu próprio diário sagrado, conduzido por Sandra Kahn, uma encadernadora de Cambridge, Massachusetts. Nele, Kahn fornece ideias inspiradoras para decorar a capa do texto, além de exercícios para aprimorar o conteúdo.

Um jeito interessante de encarar a criação do texto sagrado pessoal pode ser como uma metáfora da sua própria vida. Desse modo, o que você colocar na capa talvez tenha maior importância. Aliás, isso poderia influenciar o conteúdo. Você talvez queira escolher um diário encadernado com seções de papéis coloridos diferentes. Outra opção poderia ser usar um dos cadernos populares que consistem inteiramente de páginas pretas nas quais se escreve com canetas gel de tinta branca, ou, como sugere Kahn, fazer ou comprar um livro sanfonado para representar a sua vida inteira.

Você pode tentar reconstituir o seu caminho espiritual cronologicamente, começando pelas coisas que o comoveram quando criança, adolescente e jovem adulto, até o presente, ou pode categorizar o texto, usando fitas ou marcadores de texto confeccionados com um papel bonito para dividir o texto em áreas de interesse. É bom trabalhar o texto depois de passar algum tempo em oração e meditação – lembre que o objetivo dessa prática não é tentar fazer alguma coisa parecer perfeita, mas reunir os elementos que representaram uma expressão perfeita do Espírito para você.

Para começar a cultivar ideias sobre como elaborar o diário sagrado – especialmente se você acha que incluirá imagens visuais – talvez seja proveitoso dar uma olhada em livros espirituais que contenham tanto texto quanto ilustrações. Algumas possibilidades incluem a série de livros de meditação da *Irmã Wendy;* livros de devotos iluminados, tais como *Illuminated Prayers* de Marianne Williamson; *The Secret Language of the Soul: A Visual Guide to the Spiritual World* de Jane Hope; e duas colaborações entre o tradutor Coleman Barks e o artista de colagens Michael Green, *The Illuminated Rumi* e *The Illuminated Prayer: The Five-Times Prayer of The Sufis.*

Divirta-se durante o processo, conforme você separa as cores e citações que o tocaram ao longo dos anos – ou crie as suas próprias sempre que sentir vontade. Como modelo, use as palavras de Rumi, o grande poeta sufi que escreveu: "Deixe-se levar em silêncio pela atração irresistível daquilo que você realmente ama."

Sugestões para iniciar a exploração

- Você já manteve um caderno recheado de poemas, citações ou letras de música importantes para você – ou faz isso agora? Nesse caso, você já começou a criar o seu texto sagrado pessoal. Senão, comece a prestar atenção naquilo que o comove ou inspira ao longo da vida.

Qualquer coisa serve – desde o provérbio de um biscoito da sorte até uma frase na aba da tampa de uma caixa de chá – se isso estimular você espiritualmente.

- Assim que começar a organizar uma coleção de palavras e imagens que são especiais para você, passe um pente fino em tudo – o que elas lhe dizem? Reflita sobre como elas mudaram a sua experiência ou compreensão de Deus.

CONTAS DE ORAÇÃO

Tocando o Sagrado

As contas! Seguro em minha mão um pequeno rosário muito singelo [...]. Considerado precioso porque passou muitas horas de alegria e tristeza comigo, ele é um companheiro constante, um sinal de esperança, um elo com os céus, com a Rainha dos céus, a nossa vida, a nossa doçura, e a nossa esperança.

— M. Basil Pennington

Quando a maioria das pessoas pensa em contas de oração, é o rosário católico (geralmente feito de contas de vidro ou de plástico colorido, às vezes de madeira de oliveira) ou o *mala* budista (de sândalo, sementes, ou ossos de animais trabalhados) que costumam vir à mente. Mas com exceção do judaísmo, as contas de oração são encontradas em todas as principais religiões do mundo como um recurso para calcular as preces, e hoje a prática atravessa um renascimento porque os buscadores espirituais sem nenhuma tradição os estão incorporando às suas vidas de oração de maneiras novas e significativas.

O uso ancestral das contas de oração se originou na Índia com os hindus, que usavam cordões de 108 contas, pendurados em torno do pescoço, para contar os mantras. Essa tradição foi adotada mais tarde pelos budistas no Tibete, na China e no Japão, que também usavam 108 contas; os monges budistas de Burma preferem usar um cordão de 72 contas negras. (No Tibete, os *malas* de osso trabalhado eram feitos originalmente com os esqueletos de homens santos, como lembranças sagradas para se viver vidas dignas de serem elevadas ao patamar seguinte de iluminação. O *malas* contemporâneos, às vezes incrustados com turquesas e corais, são feitos de ossos de iaque.) As contas de oração também são usadas pelos muçulmanos, que usam cordões de 33 ou 99 contas, que representam os 99 nomes de Alá encontrados no Alcorão.

As contas de oração cristãs surgiram no século VI, quando do São Bento de Núrsia pediu que seus discípulos rezassem os 150 salmos da Bíblia pelo menos uma vez por semana. Essa tarefa era difícil demais para gravar de memória, e era permitida uma substituição por 150 *Pater Noster* (o "Pai-Nosso"). As contas eram usadas para contar cada *Pater Noster*, e esse cordão de 150 contas se tornou conhecido como Paternoster. (Consta uma interessante observação marginal sobre a origem das contas de oração cristãs, envolvendo uma mulher conhecida no folclore cultural por desnudar outras coisas além da própria alma – Lady Godiva. De acordo com o seu testamento, ela fundou um convento em 1057 e, depois de sua morte, legou ao convento as contas de pedras preciosas, que usava para rezar o Pater Noster – a primeira menção registrada às contas de oração cristãs.)

São Domingos de Gusmão é largamente reconhecido por ter introduzido as contas de oração como os cristãos as conhecem hoje, depois de uma visita da Santa Virgem Maria, e Thomas de Cantimpré foi o primeiro a chamá-las de rosário, da palavra *rosarium* ou jardim de rosas. De fato, usava-se pétalas de rosa enfileiradas para contar as orações, assim como os nós dos cordões de oração bizantinos.

Hoje, essa tradição duradoura e amplamente praticada está ganhando nova vida por meio das pessoas que veem possibilidades antes inimagináveis para as contas de oração. Considerando que a própria palavra *bead* (conta) vem do anglo-saxão *bidden* ("rezar") e *bede* ("prece"), algumas pessoas interessadas em atualizar essa prática acreditam que é correto se concentrar nas próprias contas usadas, assim como nas maneiras de personalizar o seu significado.

Um maravilhoso exemplo de como isso pode ser feito se encontra na história da dentista Holly Downes. Uma estudiosa do budismo há vinte anos, Holly fez o seu primeiro *mala* em resposta a uma experiência que ela teve durante uma busca de visões num certo verão. Depois de recolher bolotas de carvalho da base de uma árvore próxima da área onde estava acampada, Holly as enfileirou num cordão curto de contas de oração quando voltou para casa. Combinando o seu treinamento profissional ocidental com os estudos espirituais orientais, Holly usou ouro odontológico para criar as contas: duas abelhinhas, com as figuras de um nó eterno gravadas nos abdomes.

Holly explica: "Durante a minha busca de visões, eu fiquei debaixo de um carvalho e notei toda essa vida ao redor dele: pássaros, borboletas, lagartixas correndo em volta do tronco e depois subindo. À medida que eu me aquietava, percebi que conseguia ouvir um zumbido na árvore – a cerca de cinco ou seis metros de altura, havia uma colmeia. Continuei observando duas abelhas que não conseguiam voltar lá para cima; elas estavam fazendo uma dança da morte, caminhando no solo para longe da colmeia.

"Naquele momento, eu contemplava os desfechos na minha vida. Entendi que a Árvore da Vida não fala apenas da vida, mas da morte – trata-se de um círculo contínuo. A colmeia não parou, e o meu trabalho vai continuar, conforme as pessoas entram e saem da minha vida. Em cada fim existe um começo. As bolotas no meu *mala* também simbolizam isso – essas sementes da vida são variadas. Algumas são muito, muito pequeninas; outras são grandes – elas ilustram as diferentes fases de crescimento daquela árvore. Fazer esse *mala* foi a minha oração – trazer o aprendizado daquela experiência para o plano físico, para que eu possa me lembrar dela."

Como a história de Holly demonstra, integrar símbolos de significado pessoal nas contas de oração ajuda a estimular o seu uso. Além do mais, os diferentes números e cores possuem significados espirituais em diversas cosmologias; se você quiser tentar fazer as suas próprias contas de oração, pesquisar um pouco sobre essas características talvez enriqueça a experiência de criá-las.

Entretanto, também existem fabricantes de contas de oração que não acreditam que qualquer poder resida nos elementos em si, mas antes na lembrança constante que as contas de oração oferecem sobre a necessidade de permanecer atento e em sintonia com a força Divina que as contas reconhecem. Como a sua contraparte secular, as contas antiestresse muito usadas na Grécia e na Turquia, as contas de oração oferecem um conforto cinestésico – elas são um meio de alguém no mundo material lembrar o seu lugar no mundo espiritual.

Além de ser parte da vida íntima de oração das pessoas, as contas de oração estão sendo cada vez mais implementadas nas celebrações e ritos de passagem. Por exemplo, comemorar um aniversário importante com os amigos ou familiares, cada qual oferecendo uma conta colorida de presente, resultará numa preciosa fileira de contas de oração que representará as muitas facetas adoráveis da personalidade, das intenções e dos relacionamentos na vida do homenageado. Outras pessoas usam o ritual de fazer contas de oração para comemorar casamentos (incorporando símbolos e talismãs de ambas as famílias que se unirão por meio do matrimônio) e nascimentos (fazendo os participantes levarem contas para representar as bênçãos que desejam conceder à criança).

Sugestões para iniciar a exploração

- Se você ainda não possui um rosário ou um *mala*, existe alguma coisa que você segura enquanto ora – um amuleto num colar, o franjado de um marcador de livros? Pense em incorporar isso num fio de contas de oração.

- As contas de oração podem ser compradas ou feitas em casa; o cordão pode ser comprido o bastante para passar pela sua cabeça, curto o bastante para usar em torno do pulso ou guardar no bolso. Descubra o comprimento que melhor atende às suas necessidades, e toque as contas enquanto ora. Observe como o tato influencia o espiritual na sua vida.

TIGELAS DE ORAÇÃO

Receptáculos que nos Convidam a Descobrir o Sagrado

> Os 24 anciãos prostraram-se diante do Cordeiro, tendo cada um deles uma harpa e tigelas de ouro cheias de incenso, que são as orações dos santos [...].
>
> — APOCALIPSE 5:8

Quer seja chamada de tigela de oração, tigela de bênçãos, tigela de oferenda, taça de oração, taça da vida ou cálice, um vaso com um formato circular e aberto é um convite a descobrir o sagrado. Quando a tigela é do tamanho certo, pode-se colocar as mãos em torno dela; segurá-la, de tal maneira que se possa começar a vê-la como uma metáfora da própria vida. Como Joyce Rupp, autora de um dos poucos livros sobre o tema, *The Cup of Our Life: A Guide for Spiritual Growth*, escreve:

A taça me ensinou muitas lições valiosas para o meu crescimento espiritual. Eu aprendi que a minha vida guarda coisas rançosas que precisam ser descartadas e que às vezes a minha vida parece tão fragmentada quanto uma taça quebrada. Eu aprendi que tenho defeitos, rachaduras e manchas, assim como qualquer taça muito usada pode ter [...]. Aprendi que os conteúdos da minha vida estão destinados a ser constantemente oferecidos e partilhados [...]. Em especial, descobri uma grande gratidão por todos aqueles momentos nos quais o inusitado transformou a minha vida em uma taça transbordante de bênçãos.

Muitos caminhos de fé usam a tigela para as meditações espirituais e as orações; os praticantes mais notórios dessa tradição são os índios norte-americanos. No volume 4 de *The North American Indian*, Edward S. Curtis – pesquisador teórico e jornalista do início do século XX – escreveu sobre a Cerimônia da Tigela:

Então, ela revelou a ele os ritos para Aceitar a Tigela.

Um homem que desejava desempenhar essa cerimônia subiu ao topo da sua cabana de terra e bradou à Velha Mulher que Nunca Morre: "Tigela, eu preciso apanhar você, para que os meus filhos possam crescer fortes. Deixe a chuva cair sobre nós." Ou ele iria para as colinas e proferiria essa prece, chorando feito criança. Ele já providenciara oferendas, comida, mantos e vestes.

Quando tudo ficou pronto ele buscou o Guardião da Tigela, e lhe ofereceu o cachimbo, informando-o sobre o motivo da visita. O

Guardião respondeu que ele faria bem em apanhar a tigela, e aceitou o cachimbo, acendeu-o, e orou para o vaso sagrado, que estava guardado no lugar de honra da sua cabana: "Tigela, nós estamos prestes a apanhá-la de novo com orações e jejum. Abra os ouvidos para conseguir escutar as nossas canções. Conceda-nos a sua ajuda."

Hoje, quando usam as tigelas de oração, os índios norte-americanos da tribo Zuni colocam farinha de aveia no interior das tigelas; pequenas figuras de animais talhadas em pedra, chamadas fetiches, em geral são acomodadas ali dentro para trazer proteção, pois eles representam os espíritos animais que guiam aqueles que os usam. Essas tigelas são cerimoniais; às vezes libélulas são usadas como parte do desenho, pois elas são consideradas as portadoras das orações. Os índios huichol no México também fazem tigelas de oração; talhadas a partir de abóboras secas, as tigelas possuem contas de vidro coloridas coladas em padrões numa camada de cera de abelha, que age como um adesivo.

Na tradição budista tibetana, existem dois usos para esse vaso. As tigelas de cântico tibetanas são moldadas à mão em metal, e "cantam" quando são tocadas ou quando se fricciona uma vareta na borda externa com determinada pressão. Essas são usadas para indicar o início ou término de um ritual de meditação, ou para reafirmar uma oração. Os tibetanos usam ainda tigelas de oferenda, depositadas sobre os altares residenciais e abastecidas com água, arroz, incenso, conchas e flores, oferendas que simbolizam a purificação dos sentidos. Encontra-se uma prática tibetana semelhante na cerimônia do Vaso da Fortuna, realizada em réplica a uma prece de súplica feita pela pessoa que será a dona do vaso. Durante essa cerimônia, os monges decoram os vasos com pinturas e depois os enchem com orações, ervas e outras bênçãos que trarão aos seus donos prosperidade, bem-estar e as respostas para as suas orações.

As taças de oração, ou cálices, têm as suas origens com os gregos e os romanos, que supostamente os colocou nos altares. Diz-se que o famoso Santo Graal é uma taça, "o cálice da bênção" (1 Coríntios 10:16) usado para conter o vinho da Eucaristia. No material que deu origem à literatura medieval (e aos filmes de *Indiana Jones*), o Santo Graal era considerado a ferramenta mecânica suprema – capaz de fazer os milagres acontecerem. Hoje, o símbolo do cálice ainda é tão poderoso que, na igreja católica, a taça contendo o vinho deve ser feita de ouro ou prata (e, quando feita de prata, então deve ser folheada a ouro) e consagrada por um bispo. Assim, essa consagração é ameaçada caso o cálice se quebre ou o folheado de ouro precise ser retocado.

E a taça, à qual foi adicionada uma chama, aparece como o símbolo denominacional dos Universalistas Unitários. Contudo, na autêntica forma Unitária, de acordo com a Unitarian Universalist Association: "Nenhum sentido ou interpretação é oficial. O cálice flamejante, como a nossa fé, permanece aberto para receber novas verdades aprovadas nos testes da razão, da justiça e da compaixão."

Assim como em outras práticas de oração, a internet está revitalizando a prática de usar uma tigela de oração. As versões virtuais das tigelas de oração imitam aquelas usadas em lugares de veneração, nos quais os pedidos de oração são feitos e depois recitados por voluntários ou representantes religiosos.

Existem muitas formas diferentes de tigela ou cálice de oração, exatamente como existem várias abordagens religiosas e culturais para usá-los. Independentemente de como as pessoas procedem, talvez elas descubram, bem como o escritor e filósofo americano Ralph Waldo Emerson, que "jamais perdem uma oportunidade de ver qualquer coisa que é bela; pois a beleza é a caligrafia de Deus – um sacramento marginal. Acolha-o em todo rosto bonito, em todo céu bonito, em toda flor bonita, e agradeça a Deus por isso como uma taça de bênção".

Sugestões para iniciar a exploração

- Você possui uma tigela ou taça que tenha algum significado especial? Passe a encará-la como uma ferramenta espiritual e a integre no seu período de oração.

- Quando trabalhar com uma tigela, você pode colocar as orações dentro da tigela depois de escrevê-las num papel. Quando trabalhar com uma tigela ou cálice, você pode começar a explorar as possibilidades metafóricas para refletir a sua vida no seu interior. O que trabalhar com a forma de um vaso aberto acrescenta à sua espiritualidade?

ORAR DANÇANDO

A Adoração Daquele que Criou o Nosso Corpo e a Nossa Alma

A nossa vida é uma dança, os nossos amigos e familiares são os nossos parceiros de dança, e Deus é o dançarino principal. Ele escolhe as melodias, comanda a música, e nos convida a todos para dançar. Às vezes Ele até interrompe a nossa dança rotineira para poder dançar a sós conosco [...].

— ANDREW GREELEY

Se o riso, como alguns sugerem, é a linguagem universal, então a dança bem poderia ser a oração universal. A dança como adoração é um rito antigo, praticado por todas as culturas do mundo. Acredita-se que a dança sagrada se originou nos templos gregos; ela também fazia parte dos antigos rituais egípcios, e o Velho Testamento se refere à dança como adoração, por exemplo, quando ensina: "Louvem seu nome com danças, toquem para ele cítara e tambor!" (Salmo 149:3).

No início do cristianismo, os devotos dançavam; porém, a ligação da dança com as religiões pagãs mais tarde levou os dignatários da igreja a revogar essa prática e, até hoje, existem igrejas cristãs contrárias à dança litúrgica. Contudo, como a bailarina Gabrielle Roth escreve no livro *Sweat Your Prayers*: "A tradição de dançar até atingir o êxtase pode ter sido queimada na fogueira, mas o seu espírito está se erguendo daquelas mesmas cinzas como uma Fênix."

No Ocidente, apesar de estarmos apreciando o ressurgimento do interesse na dança sagrada à qual Roth se refere, a dança permaneceu uma constante em muitas culturas orientais. Na Índia, as danças são associadas à espiritualidade; os movimentos da dança representam o ritmo do cosmos. De fato, o deus hindu Shiva é um deus dançarino, que liberta as almas da ilusão por meio da dança. No Extremo Oriente, existem os espetáculos de dança budistas; e acredita-se que mesmo a tradicional forma de teatro japonesa, o kabuki, surgiu nos anos 1600 depois de estrear num templo.

As danças dos povos indígenas costumam ser associadas a orações de súplica, em geral para a chuva ou colheitas e caçadas bem-sucedidas. A Dança do Sol dos índios Sioux – realizada todo ano durante os dias da Lua cheia em junho, julho ou agosto – é considerada uma celebração de graças ao Grande Espírito. E a dança sufi, sempre associada aos dervixes rodopiantes, parece uma simples dança folclórica, mas nela os participantes podem viajar para altitudes extáticas. A dança é uma forma de adoração capaz de simbolizar toda a experiência humana e fazer com que os dançarinos se sintam ligados com toda a teia da vida. Rumi, o famoso poeta sufi do século

XIII, nos ajuda a ver a dança como uma prática de oração ao escrever:

Dança, quando estiveres em frangalhos.
Dança, se tu arrancaste as ataduras.
Dança no meio da luta.
Dança sobre o teu sangue.
Dança, quando tu fores absolutamente livre.

As formas de movimento que chamamos de "dança de transe" causam um efeito fisiológico – literalmente elas são capazes de alterar as ondas cerebrais, colocando-as em estado alfa e mesmo teta. Esse condutor para a consciência alterada é usado pelos xamãs, que costumam dançar para realizar curas nos espectadores. A repetição de movimentos rítmicos, físicos, é um método para afiar a consciência do dançarino, permitindo inclusive a comunhão com o Divino.

Os praticantes da dança sagrada utilizam uma linguagem mística; a maioria expressa o sentimento de que não estão dançando a dança, mas *sendo dançados* pela dança; de que é o Divino que coreografa os seus passos. Ter uma intenção clara para a dança é importante para quem a vê ora como prática de oração ora como sacerdócio; eles enfatizam que ela não tem nada a ver com técnica, nada a ver com a aparência de alguém enquanto a desempenha, mas simplesmente se destina a glorificar o Deus da compreensão de alguém. Assim como em outras práticas, o objetivo é tirar o ego do caminho para ser um veículo para o Espírito. E, quando isso é feito na presença dos outros, tanto o dançarino quanto a plateia podem receber mensagens espirituais da dança.

A coreógrafa e dançarina americana Ruth St. Denis poderia ser chamada de a mãe da dança sagrada contemporânea no Ocidente. Por volta da virada para o século XX, ela começou a apresentar danças inovadoras inspiradas nas tradições criativas e espirituais da Ásia, Índia e Egito. Ela acreditava que a dança deveria promover mais o espiritual do que o simples entretenimento, e fundou a Society of Spiritual Arts. Até o fim da vida – ela faleceu em 1968 – St. Denis explorou as possibilidades da dança sagrada. Ela foi a inspiração para a fundação da Sacred Dance Guild e outras organizações dedicadas à dança ritual; desse modo, hoje a sua visão permanece viva. Como St. Denis explicou: "O meu conceito das novas formas de adoração que incluiriam movimentos rítmicos nas cerimônias da igreja não requerem nenhum aviltamento da dignidade natural e da beleza solene da compreensão espiritual. Mas eu clamo por uma expressão nova e vital, que guiará a humanidade a uma relação mais próxima, mais harmoniosa com Aquele que criou o nosso corpo e também a nossa alma".

Athena Katsaros, que recebeu esse nome dos pais em homenagem a uma deusa, começou a se interessar pela dança sagrada quando ela era apenas uma garotinha e testemunhou a "expressão vital" que St. Denis defendia. Athena, artista e consultora, dança há quase três décadas, desde que foi cativada pela dança quando tinha apenas 14 anos e viu uma performance de dança do ventre pela primeira vez. "Eu fiquei fascinada pelo seu exotismo", recorda ela. "Era fluida e feminina; havia algo de místico naquilo". A partir de então, depois de completar 16 anos, Athena passou a praticar a dança do ventre – e a ensiná-la, bem como outros tipos expressivos de dança.

Segundo Athena, dançar "se tornou uma prática de oração para mim quando consegui sentir a característica espiritual natural da dança triunfar". Isso se transformou numa prática consciente quando ela chegou aos trinta, e agora a oração integra a sua dança não apenas durante a dança, mas também antes dela. "Quando eu me apresento, peço para ser um veículo para o Espírito agir através de mim", diz Athena. "Eu sempre firmo uma intenção para a dança; isso tem a ver com tocar as pessoas. Trata-se de amor e transcendência, das pessoas se sentirem enlevadas pela experiência. E, como eu pratico a dança do Oriente Médio, ela também fala de paz. Eu oro para abrir os corações e inspirar o amor".

Athena lembra claramente da primeira vez em que teve uma experiência transcendente por meio da dança: "Eu estava num acampamento de dança; havia 250 pessoas do mundo todo, entre músicos e dançarinos. Certa noite eu fui escolhida para dançar, acompanhada por músicos de categoria internacional. Saí para me apresentar, e foi a primeira vez que, literalmente, senti como se a música brotasse através de mim. Senti que eu não criava a dança, mas que a música fluía através de mim e se expressava através do meu corpo. Foi como se a música jorrasse feito líquido para dentro de mim pelo alto da minha cabeça. Eu a senti fluir para dentro e para fora de mim, e que a própria música era o Espírito. Não senti nenhuma separação entre a música, os músicos, a plateia, o Divino."

"É uma prática extática", explica Athena. "A minha prática de oração está na dança e na sua relação com a música. É o meu jeito de alcançar a união com o Divino."

Sugestões para iniciar a exploração

- Relembre qualquer apresentação de dança que você tenha assistido, quer sejam consideradas litúrgicas ou não. Recorde se alguma vez você viu ou sentiu o Espírito enquanto assistia alguém dançar.

- Na sua própria experiência com a dança, você já sentiu uma alteração de consciência como resultado do movimento? Dançar já o colocou em contato com emoções profundas? A título de experimento, tente dançar da próxima vez em que se sentir emocionalmente carregado: crie uma dança para a tristeza, para a raiva, para a alegria.

- Durante a privacidade do seu período de quietude, explore a dança como uma forma de oração. Observe se você se sente mais próximo de Deus enquanto dança.

BANDEIRAS DE ORAÇÃO

Conduzindo as Bênçãos para
Além do Firmamento

*As asas da oração conduzem
para além do firmamento.*

— Anônimo

Enquanto no Ocidente nós geralmente associamos as bandeiras com o orgulho nacional, há milhares de anos, os tibetanos usam bandeiras por um motivo muito diferente. Para os tibetanos, essas bandeiras espalham as orações de felicidade, prosperidade e vida longa para todas as pessoas no caminho do vento que transporta as bênçãos da bandeira.

Coloridas e ricamente ornamentadas, recobertas de mantras e orações escritas em tibetano, além de representações que simbolizam as características da mente iluminada, as bandeiras de oração são penduradas tanto no interior quanto na área externa. Tudo a respeito de uma bandeira de oração é altamente simbólico, desde as cores que se escolhe para ela até as ilustrações nela desenhadas. Diz-se que até o vento que a sopra simboliza a natureza da nossa consciência. Existem bandeiras de oração horizontais (*lung ta*) e bandeiras de oração verticais (*dar cho*). As bandeiras horizontais são ligadas por um longo cordão, que é esticado até o topo de cada peça; as bandeiras verticais ora são peças individuais ora costuradas juntas, e por vezes penduradas em uma estaca grossa.

As bandeiras de oração vêm em conjuntos de cinco, e devem ser penduradas na ordem correta – amarelo, verde, vermelho, branco, azul – de baixo para cima, ou da esquerda para a direita. Essas cores representam os elementos: terra (amarelo), água (verde), fogo (vermelho), ar (branco) e espaço/céu (azul). Os símbolos adicionais geralmente impressos nas bandeiras de oração com blocos de madeira talhados à mão incluem quatro animais, cada um representando uma virtude específica. O dragão simboliza o poder gentil; o leão da neve, a alegria corajosa; o tigre, a confiança; e *garuda*, um pássaro místico, representa a sabedoria. Acredita-se que a própria imagem invocará as qualidades daquilo que está simbolizado. Outras imagens incluem o "cavalo do vento", que possui três joias nas costas, simbolizando o Buda, os ensinamentos budistas e a comunidade budista.

A prática das bandeiras de oração tem as suas origens no Bon, a religião autóctone tibetana anterior ao budismo. Uma edição de 1990, boletim informativo do Conselho para Assuntos Religiosos e Culturais de Sua Santidade o Dalai Lama, relatou que o costume das bandeiras de oração pode ser "remetido a uma coleção de ensinamentos bon-po, segundo os quais quando um mantra é embrulhado em seda de cinco cores e colocado no alto das montanhas, ele presenteará a todos que o virem com a boa sorte de se tornar iluminado".

Apesar disso sugerir que originalmente as bandeiras de oração eram penduradas nas áreas rurais, os tibetanos – e todos que eles influenciaram – agora colocam as bandeiras de oração tanto dentro quanto fora das casas e locais de adoração. O nome *lung ta*, que significa "cavalo de vento", se refere à crença de que as bênçãos inerentes ao uso das bandeiras de oração serão carregadas pelo vento para todos aqueles que estiverem na região.

Como as bandeiras de oração são feitas de algodão, quando elas são colocadas do lado de fora as cores desbotam, chegando a desaparecer, e as bandeiras começam a deteriorar. Por essa razão, geralmente a cada Ano Novo tibetano, bandeiras novas substituem as bandeiras mais velhas, num reconhecimento visual dos ciclos de nascimento, maturidade e morte que todas as coisas vivas experimentam. Alguns adeptos das bandeiras de oração também apontam as possibilidades simbólicas intrínsecas à vida útil do tecido; pois conforme ele envelhece e começa a se decompor, seus pedacinhos podem ser ingeridos por aves ou animais que, em contrapartida, podem ser comidos por nós. Assim, uma bandeira de oração não apenas é capaz de levar as bênçãos para os seres próximos nas asas do vento, mas de fato pode se tornar uma parte de todos nós.

Apesar da certa simplicidade dessa prática de oração, ela possui o próprio conjunto de considerações. Acredita-se que hastear bandeiras de oração numa data astrológica desfavorável trará má sorte para quem as usa. De acordo com o mestre tibetano Lama Zopa Rinpoche, existem antídotos que você pode usar para evitar obstáculos, tal como colocar qualquer objeto de ferro ao leste; colocar água ao sul; colocar fogo – incenso aceso ou fósforos – ao oeste; colocar terra – areia ou lama numa vasilha – ao norte; e colocar um punhado de plantas diferentes em cada canto. Cada direção possui um mantra específico para se usar com o elemento corretivo descrito.

Mas faça a lição de casa – mesmo se você pendurar as bandeiras de oração na data adequada, você vai precisar levar em conta as diferenças entre o calendário tibetano e o calendário ocidental. Além disso, se você pendurar uma bandeira de oração dentro de casa, a parede na qual a bandeira está disposta deve se voltar para o leste ou para o norte.

Criou-se uma série de interpretações criativas para a bandeira de oração, dentre as quais uma das mais notáveis é como instrumento – e símbolo – da cura. Embora a maioria das pessoas provavelmente conheça as imagens das bandeiras de oração que foram deixadas no pico do monte Everest, essa prática adquiriu uma nova vida. Em 1995, sobreviventes do câncer de mama rumaram ao monte Aconcágua, carregando 170 bandeiras de oração nas quais se lia mais de 400 nomes inscritos; elas repetiram a façanha numa viagem ao monte McKinley no Alasca em 1998, e ao monte Fuji no Japão em 2000. E adaptando uma tradição dos próprios tibetanos, as bandeiras de oração são incorporadas a cerimônias de casamento e funerais; quando alguém fica doente, elas são içadas para trazer saúde, bem-estar e paz.

Com ou sem uma intenção específica para as bandeiras de oração, vê-las simplesmente pode lembrar as pessoas de proferir uma oração ou de permanecerem atentas enquanto dão prosseguimento às tarefas da vida diária. Com delicadeza, as bandeiras de oração podem levar para a nossa própria consciência as muitas bênçãos coloridas da vida.

Sugestão para iniciar a exploração

- Se você fosse fazer uma bandeira de oração, o que a tornaria especial para você? Que cores, símbolos, orações você incluiria nela? Como a usaria? Caso você se sinta muito inspirado depois dessa reflexão, crie a sua própria bandeira de oração e a incorpore na sua prática espiritual.

TAPETES DE ORAÇÃO

Um Lugar para Contemplar o Portão do Paraíso

*Para aqueles que desejam conhecer a Deus,
o mundo inteiro é um tapete de oração.*

— Bawa Muhaiyaddeen

Para aqueles que não usam um tapete ou esteira de oração – chamado *sajjada* em árabe – como parte da sua prática, isso pode parecer uma atitude exótica, talvez por evocar a figura do tapete mágico. Mas para os milhões de muçulmanos que os usam, os tapetes de oração têm uma utilidade muito bem fundamentada.

Apesar de existir certa evidência histórica de que os tapetes de oração precederam o Islã e eram tecidos pelos armênios antes do advento do Islã no século VII, eles agora são totalmente associados aos fiéis muçulmanos. Embora Maomé ensine que os muçulmanos podem orar em qualquer lugar, estipulou-se que o local onde se ora deve ser limpo. Por esse motivo, homens e mulheres devem tirar os sapatos ao adentrar uma mesquita.

O uso dos tapetes de oração evoluiu a partir da lei islâmica para se assegurar que o recanto de oração seja completamente incorrupto pela sujeira de qualquer espécie. (Essa atenção é mantida até durante a confecção dos tapetes de oração, que em geral são tecidos de cima para baixo para que o tecelão não precise sentar nele durante a sua criação.) Além disso, como a postura de prostração é a maneira fundamental para orar – de fato, a palavra *mesquita* significa um "lugar de prostração" – a testa, as mãos, os joelhos e pés tocam o solo, o que representa outra razão pela qual a mesquita deve ser conservada limpa.

Apesar de não existirem medidas específicas predeterminadas para os tapetes de oração, eles são carregados pelos muçulmanos nas viagens e por isso devem ser portáteis. Como as pessoas geralmente oram em comunidade, alguns tapetes de oração são grandes o bastante para duas ou mais pessoas orarem lado a lado em casa. O que é enfatizado como importante não é a forma, mas a função – teoricamente alguém pode orar sobre qualquer superfície limpa que cubra o chão.

Os muçulmanos são obrigados a rezar cinco vezes por dia; essa prática é conhecida como *salat*. Nesses momentos, o devoto precisa estar com a face voltada para Meca – que, dependendo de onde a pessoa se encontra, às vezes fica no leste, e às vezes não. Para ajudar a determinar a direção correta, alguns tapetes de oração possuem bússolas embutidas. Com muita frequência o tapete de oração traz o desenho de um arco, que representa o *mihrab*, ou "portão do paraíso", numa mesquita. Ele fornece a direção certa para orar; se você está voltado para o mihrab, está voltado para Meca.

Outras imagens às vezes incluídas nos tapetes de oração são os contornos de mãos ou pés, que demonstram à pessoa a postura correta da oração; um pente ou um jarro de água, que enfatizam a necessidade de limpeza; ou uma lâmpada, que simboliza a luz de Alá. O que jamais se encontrará num tapete de oração – ou qualquer arte islâmica, em todo caso – é uma imagem ilustrativa de um animal ou ser humano. Essas não são permitidas, pois se acredita que apenas Alá pode criar a vida. Da mesma maneira, os tapetes de oração sempre conterão algum defeito ou ligeira imperfeição para representar os defeitos e imperfeições dos seres humanos – só Alá é perfeito.

Quando se aproxima a hora marcada para a prece, os muçulmanos desenrolam os tapetes de oração. Eles começam ao alvorecer, depois oram ao meio-dia, à tarde, ao crepúsculo e à noite. Embora talvez pareça existir algo de mecânico nessa escala rigorosa, a oração sempre começa ao se fixar a intenção – orando por sinceridade. Além disso, as orações pessoais podem ser acrescentadas ao formato de oração convencional.

A despeito da sua mecânica, as recompensas dessa prática de oração são doces. No *The Illuminated Prayer* de Coleman Bark e Michael Green, ambos retratam, em texto e ilustração, a emoção por trás da prática: "Não existe uma única palavra em inglês que transmita a abrangência da palavra árabe salat. 'Oração', 'bênção', 'súplica' e 'graça' estão implícitas, mas todas são incapazes de transmitir a maravilhosa integração do salat entre a renúncia e os movimentos físicos. No salat, todo o nosso ser se concentra num único evento luminoso."

Sugestões para iniciar a exploração

- Observe se há algum tipo de espaço sagrado que você instintivamente construiu em torno da sua vida de oração: você sempre ora perto de um altar, ou ao lado da cama, ou numa determinada cadeira? Caso contrário, crie um. Analise como ter um local ou horário fixo para as orações afeta a sua experiência espiritual.

- Tente incorporar movimentos físicos – tais como a prostração – à oração. Observe como esses gestos afetam a sua experiência do Sagrado.

RODA DE ORAÇÃO

Bênçãos e Bem-estar a Cada Giro

Simplesmente tocar e girar uma roda de oração causa uma incrível purificação e acumula um mérito inacreditável [...].

— LAMA ZOPA RINPOCHE

Semelhante em tamanho a um chocalho, esse pequeno apetrecho manual é feito de cobre, incrustado com turquesa e coral, com uma exótica caligrafia em latão que explicita uma oração. Ele tem um cabo com listras alternadas de latão e cobre, e no centro do tambor – a parte que gira – há uma correntinha com um pequeno peso pendurado que ajuda o movimento rítmico. Chamada de "roda de oração" ou "roda mani", esse pequeno instrumento tem grande poder: a cada giro, as bênçãos e o bem-estar se estendem a todos que estão próximos e seguem se espalhando pelo mundo.

Os tibetanos usam as rodas de oração há mais de mil anos; o registro mais antigo do seu uso foi escrito em 400 d.C. por um viajante chinês que viu as rodas de oração sendo usadas a caminho de Ladakh. Além das rodas menores, que em geral são giradas com a mão direita, enquanto se segura um *mala* com a esquerda, existem rodas de oração muito maiores, que se gira ao passar por elas, encontradas ao longo das paredes dos mosteiros e santuários. Também é possível encontrar rodas de oração minúsculas, que se gira sobre uma superfície plana com apenas dois dedos.

Acredita-se que a origem da roda de oração se deve à frase "gire a roda do dharma", que é o ensinamento do Buda. A roda de oração também é chamada de "Roda da Lei". Acredita-se que usar a roda de oração reduz a quantidade de karma negativo que o praticante precisa trabalhar; que quando giramos a roda, os budas e os bodhisattvas – especialmente Chenrezi, a encarnação da compaixão – purifica o karma e nos ajuda a avançar no longo do caminho rumo à iluminação. A roda de oração sempre é girada no sentido horário, pois o gesto não apenas reconhece a direção do sol e imita o caminho daqueles que circundam os stupas – monumentos budistas que às vezes contêm relíquias – como também representa a mesma ordem na qual o leitor vê as palavras das orações na roda.

Pois esse é o poder da roda de oração: existem rolos de papel fino fixados em torno do eixo no qual, em caligrafia arcaica, há orações ou mantras impressos, principalmente o *"Om Mani Padme Hum"* ("Om! A joia preciosa no lótus do coração"). Essa oração também costuma adornar a fachada das rodas de oração, entalhada ou aplicada artisticamente no topo ou nas laterais. O número de orações nela contido acelera o progresso espiritual de cada usuário; cada vez que a roda é girada, equivale a proferir a oração uma vez – embora alguns afirmem que supostamente cada volta seja equivalente a proferir a oração tantas vezes quanto ela estiver escrita dentro do cilindro.

Além de trazer recompensas espirituais para o praticante, a roda de oração ainda gira aquelas mesmas bênçãos em direção ao resto do mundo. Portanto, para muitos tibetanos, usa-se a roda de oração quando se faz uma caminhada de meditação. Acredita-se que utilizar uma roda de oração ajuda a unir a mente, o corpo e a fala do praticante, assim como criar um "mérito" – um depósito moral na conta bancária espiritual de alguém, para usar uma metáfora, que afetará positivamente a sua vida presente ou futura, assim como beneficiar todos os seres vivos e o próprio meio ambiente.

Por esse motivo, as rodas de oração frequentemente são colocadas onde a água e o vento podem girá-las; existem ainda rodas de oração giradas pelo fogo ou pela luz. Diz-se que tudo nas proximidades de uma roda de oração será salvo de renascer nos reinos inferiores. Num ensaio escrito pelo mestre tibetano Lama Zopa Rinpoche, ele instrui que as rodas de oração podem ajudar a tornar os ambientes pacíficos e serenos, e que elas também são úteis para curar. Na verdade, alguns adeptos da roda de oração aconselham a usá-las em nome de animais de estimação doentes ou pessoas agonizantes; para os moribundos, ela se transforma numa ferramenta para transferir a consciência desse reino mundano para o próximo.

Assim como a influência tibetana, o uso da roda de oração também se espalhou pelo mundo inteiro. Agora encontramos rodas de oração em ambientes inesperados, variando das joalherias (pode-se comprar pequeninas rodas de oração para usar como pingentes ou brincos) até a internet. Existe uma série de websites nos quais se pode baixar rodas de oração computadorizadas que se movem sozinhas. Uma heresia tecnológica? Não de acordo com Sua Santidade o Dalai Lama, que abençoou o seu uso ao dizer que a roda de oração eletrônica funciona exatamente da mesma maneira que a tradicional.

Sugestões para iniciar a exploração

- Na tradição budista tibetana, considera-se essencial sempre "dedicar o mérito". Reflita sobre a quem ou a que você dedicaria o mérito, caso queira usar uma roda de oração.

- Observe quais orações ou mantras são mais significativos para você. Se você fosse oferecer bênçãos a todos aqueles no seu caminho, quais seriam elas?

ORAR COM OS OUTROS

Unindo-se à Comunidade

Um homem deve sempre se unir à comunidade em oração.

— O T<small>ALMUDE</small>

Orar com os outros é uma prática de oração ancestral, tão antiga quanto a tradição de se reunir em comunidade para adorar – e o seu valor é alto. De acordo com Maomé: "As recompensas para as orações recitadas por pessoas reunidas são duas vezes maiores que por aquelas recitadas em casa."

Jesus reiterou esse conceito quando prometeu que "pois onde dois ou três se reunirem em meu nome, lá estarei com eles". (Porém, deve-se notar que certos cristãos desaprovam a oração em público, recorrendo a Mateus 6:5-6 – "E, quando orardes, não serei como os hipócritas; porque gostam de orar em pé nas sinagogas e nos cantos das praças, para serem vistos dos homens [...]. Porém, quando orares, entra no teu quarto e, fechada a porta, orarás a teu Pai [...]" – como evidência de que se deve orar apenas em privacidade.)

Entretanto, para muitas pessoas, de todos os caminhos de fé, estar na companhia dos outros enquanto se ora pode ser um meio profundamente emocionante de orar. Além da experiência imediata de escutar os demais dizerem ou sussurrarem as suas preces ao mesmo tempo que você, saber que a litania que você recita é repetida com fervor por outros devotos através dos séculos pode ajudá-lo a se sentir unido à grande corrente da fraternidade.

Orar em comunidade também pode aprofundar a experiência da oração em virtude da natureza interativa da prática, que em particular requer uma réplica verbal, tal como o formato de "chamado e resposta". Há centenas de anos, é costume recitar orações em público durante eventos políticos ou cívicos, assim como os protestos pacíficos pelos direitos civis, para consolidar o sentimento de solidariedade e de objetivo comum. Desde 1952, comemora-se o Dia da Invocação Mundial para afirmar "a união da humanidade, a força da nossa relação com Deus, e a responsabilidade da humanidade para colocar o plano Divino em prática na terra".

Mas a oração comunitária não precisa se limitar aos parâmetros de um culto ou de um evento público; muitos grupos de oração trabalham com a palavra escrita para reunir os fiéis da comunidade. Por exemplo, as Sociedades Bíblicas Unidas (SBU), criadas em 1946, são uma organização filantrópica internacional que ajuda a coordenar a tradução e produção de bíblias em todo o mundo. Elas publicam um panfleto que destaca o trabalho desenvolvido em determinados países, e os registros se concentram em uma variedade de lugares toda semana, incentivando, assim, as pessoas a orar coletivamente pelos problemas em tais países durante aquele período.

Esse é apenas um exemplo entre muitos exemplos de como os veículos da oração em público estão proliferando. Segundo um artigo de 1996 do USA Today: "Em toda a nação, rezar pelos outros se tornou uma das formas mais populares de assistência religiosa nos anos 1990." Um número cada vez maior de novos grupos está se formando, os chamados "guerreiros da oração", que oram por quem assim pedir. Os pedidos de oração são recebidos em papel, pelas linhas telefônicas de acesso com discagem gratuita, e pelas caixas de oração da internet. E isso não é apenas um fenômeno americano – dois jesuítas em Dublin criaram um website (*www.sacredspace.ie*) que atingiu a marca de um acesso a cada trinta segundos, ou 4.000 acessos por dia de pessoas de todas as partes do mundo. Esse website apresenta orações diárias com mais ou menos dez minutos de duração, dependendo de quanto tempo se quer levar para clicar nas leituras adicionais, exercícios e ilustrações que são incluídas para enriquecer a experiência do visitante.

A internet provocou um impacto tão grande na oração que algumas pessoas até se autodenominam "missionários da internet"; um website – *eprayers.org* – chama o seu público de "discipulado digital". Devido à sua própria natureza, essas correntes de oração da internet permitem uma participação mais ativa na oração. Os autores desse website explicam: "Ao enviar um pedido a uma pessoa, você praticamente conta com um exército de pessoas para orar por você e com você.

Esse é o conceito da 'corrente de oração.'" No entanto, como outros problemas que surgiram na internet, certos *bugs* iniciais precisaram ser resolvidos: já que os pedidos de oração virtual podem ser acessados por milhões no mundo inteiro, deve-se manter o sigilo em mente, tanto ao fazer quanto ao responder um pedido de oração.

O monge budista vietnamita e escritor Thich Nhat Hanh aconselha que devemos "aprender a olhar com os olhos da *sangha* (comunidade)", e orar em público decerto evoca uma sensação de responsabilidade pelo bem comum, englobando o comunitário na mesma medida que o individual. Surgiu uma nova tendência pela qual os websites incentivam a oração em dias determinados, num horário específico – as convocações para orar incluíram meditações para a eleição presidencial dos EUA em 2000; o "LightShift 2000", realizado à meia-noite do dia 1º de janeiro de 2001; e uma série de vigílias de oração no Oriente Médio. Uma delas brotou como resultado direto de um comentário feito por um líder político – quando Yasser Arafat declarou que, sem um milhão de orações poderosas, a paz não chegaria ao Oriente Médio. Em resposta, o *emissaryoflight.com* foi criado em 2000 com a meta de apresentar um milhão de orações de paz ao presidente palestino Arafat e ao então presidente israelense Ehud Barak.

Para aqueles que permanecem inseguros quanto à razão para orar com outras pessoas, a autora Doreen Virtue, que é uma das principais participantes de inúmeras convocações de oração na internet, elucida o seu ponto de vista no livro *The Lightworker's Way*. Escreve Virtue: "Devemos lembrar da Lei da Causa e Efeito: *Tudo o que pensamos ganha peso*. Nós que somos trabalhadores da luz devemos meditar diariamente sobre o que desejamos ver, não sobre o que tememos que aconteça [...]. As suas orações, combinadas com aquelas de outros trabalhadores da luz, pode devolver a terra ao seu estado natural de saúde perfeita e radiante."

Sugestões para iniciar a exploração

- Muita gente passou pela experiência de ter uma corrente de pessoas orando por si ou por um membro da família – ou tomou parte em um coletivo que orava por outrem. Se você não, investigue as maneiras para fazê-lo – e observe como a sua experiência espiritual é afetada depois de se unir em comunidade.
- Que assuntos ou problemas – tais como a fome, a violência doméstica ou a paz mundial – mobilizam você com maior paixão? Se você ainda não o fez, pesquise grupos locais ou baseados na internet que se dediquem à oração comunitária e acrescente as suas orações às deles. Reflita sobre como isso afeta o seu compromisso com a causa.

RITUAIS

Unindo o Físico aos Mundos Superiores

No mundo do ritual contemporâneo, nós encontramos mestres zen-budistas, rabinos místicos, sacerdotes cristãos que abraçam toda a sabedoria do mundo, xamãs, artistas e curandeiros africanos, contadores de história taoistas, e gente que simplesmente quer dançar e cantar com alegria. Os verdadeiros rituais em si retiram os ensinamentos do domínio da teoria e os inserem na realidade física e emocional.

— RACHEL POLLACK

Embora possamos estar mais habituados a eles como tradições ou costumes de família, nós seguimos rituais: sempre servir uma determinada refeição num aniversário, tocar certas peças musicais durante os dias santos, acender uma vela antes das orações. Um ritual pode ser tão simples quanto saborear uma xícara de café em silêncio antes do nascer do

Sol ou criar uma prática duradoura com roupas coloridas e objetos sagrados; o que transforma alguma coisa em ritual é a intenção com que você a desempenha e o significado que ela guarda para você.

Segundo Z'ev ben Shimon Halevi, autor de *School of Kabbalah*: "A essência do ritual é que algo feito no plano físico alcança os mundos superiores. Pode ser um simples gesto da mão ou uma cerimônia elaborada. Pode ser trabalhar de maneira consciente na vida cotidiana, para que ações bastante mundanas se tornem plenas de significado, ou realizar um ritual meticulosamente planejado para uma ocasião específica [...]. O ritual é o modo de formalizar a ação e não de apenas dar-lhe sentido, mas de criar um contato com outros mundos."

Como essa passagem sugere, quando usado como prática de oração, o ritual é capaz de introduzir uma percepção do sagrado na vida cotidiana. Por meio do ritual nós podemos celebrar as principais transições e transformações da vida, ora arrancando o sentido das experiências que nos magoam ou comemorando o júbilo das alegrias mais profundas conscientemente. O ritual, mesmo na sua forma mais simples, também serve para enriquecer – e servir de veículo para – o relacionamento com o Divino. Em *Why Christianity Must Change or Die: A Bishop Speaks to Believers in Exile*, John Shelby Spong descreve como transformou o ritual de registrar o tempo: "Uma vez eu cheguei a marcar uma cruz no mostrador do meu relógio para que, toda vez que eu olhasse para saber a hora do dia, me lembrasse de enviar uma oração rumo aos céus para me manter unido com o Deus que eu considerava, talvez, como o ponteiro de uma bússola externa que guiaria a minha vida."

Certas pessoas que se desviaram do seu caminho de fé porque os rituais da religião pareciam estagnados demais descobriram um novo sentido ao criar as próprias formas de culto. Outras, que não querem fazer parte de uma tradição religiosa formal, também encontram sentido em criar cerimônias para celebrar o sagrado. As práticas culturais estão sendo redefinidas por meio do ritual, incluindo formas de *body art* (arte do corpo). O *mehndi*, a arte de aplicar intricados arabescos de hena nas mãos e nos pés das mulheres que vão se casar, é um belo ritual que viajou da Índia até o mundo ocidental; e seguindo o exemplo dos taitianos e de outras culturas, muitas pessoas fazem tatuagens ou perfuram partes do corpo para marcar as passagens importantes da vida.

No seu livro, *The Art of Ritual*, Renee Beck e Sydney Barbara Metrick recomendam dez princípios para a criação dos seus próprios rituais:

1. Lembre-se da intenção.
2. Deixe-se inspirar pelo mito.
3. Use a intuição.
4. Certifique-se de que o ritual beneficiará a todos e não prejudicará ninguém.
5. Conserve a sua simplicidade.
6. Permaneça equilibrado.
7. Mantenha contato com os seus sentimentos e os das outras pessoas.
8. Respeite o poder das palavras.
9. Mantenha a imaginação viva.
10. Cuide dos detalhes.

A consideração mais importante quando se planeja um ritual é também a mais básica: primeiro, decida por que você pretende desempenhar um ritual – qual é a sua intenção – e o que você espera dele. A partir de então, decida quem vai participar, o que você usará no ritual, onde você realizará o ritual (perto de uma montanha, praia, na floresta; voltado para uma direção específica) e quando você desempenhará o ritual (considere os solstícios e equinócios, as fases da lua). Logo que estiver certo sobre a sua intenção, você pode começar a fase preparatória. Pode ser muito gratificante envolver todos os sentidos físicos, portanto, pense em elementos que você pode incorporar que apelarão aos sentidos do tato, paladar, olfato, audição e visão. Não esqueça a importância do movimento no ritual, e explore as possibilidades da cor. E lembre-se que qualquer coisa que tenha significado para você pode se tornar parte da cerimônia.

Ter ao menos uma consciência superficial da simbologia – saber o que números, cores e objetos específicos representam no folclore, assim como o que eles representam para você – pode enriquecer o ritual. Os objetos usados no ritual podem incluir velas, ervas, sal, incenso, óleos, plumas, conchas, pedras, flores e fitas. O primeiro passo pode ser purificar o espaço do ritual e a si mesmo com um elemento como a sálvia ou a lavanda; em seguida, invoque a presença Divina para acompanhá-lo enquanto você expressa a sua gratidão.

Lembre-se que no ritual não existe certo e errado; o importante é a sua intenção sagrada. Por mais que você planeje o ritual, provavelmente você voltará mudado à realidade. Apesar de realizarmos rituais para celebrar as nossas transformações, o próprio ato de fazer um ritual é capaz de nos transformar. Por causa da sua intensidade, ele precisa ter um início, um meio e uma conclusão claramente definidos.

Esse é um conceito que Ann Keeler Evans, uma ex-consultora de negócios que virou ministra ecumênica e teóloga, conhece intimamente. Ela até abriu a própria empresa, A Rite to Remember, para dotar as cerimônias importantes da vida das pessoas de ritual. Ann afirma: "O ritual tem um propósito – nem que seja apenas para abrir você mesmo. É muito parecido com uma fábrica: você entra com uma ideia de algo e a matéria-prima para produzi-lo, e no final, uma coisa diferente aparece na outra ponta."

Ann destaca a importância de fazer o ritual em comunidade; embora reconheça que ele pode ser realizado a sós, ela acha que a experiência não é tão rica. "Você pode fazer o ritual sozinho, mas eu acho que isso é um equívoco. O testemunho é um elemento poderoso do ritual. E, de certa maneira, os outros elementos talvez sejam apenas ações rituais – arrumar o altar, fazer certas coisas nos feriados – mas partilhar a visão de tudo isso aprofunda o ritual."

Ann continua: "Eu acho que o ritual faz a diferença na maneira como vivemos a vida – ele auxilia a esclarecer as nossas intenções. Ele aprofunda as possibilidades de conseguir o que queremos." Mas para Ann, o ritual não é uma fórmula para uma espécie de máquina de chicletes cósmica; ele é uma prática de oração. Como ela explica: "O ritual é oração porque ele é um tempo para se afastar do tempo – um tempo fora do tempo, um lugar fora do lugar – para nos envolvermos em sentido com outras pessoas, criando e compreendendo o sentido, e permitindo que ele se reflita na nossa vida. Ele é uma forma de oração que não é privado de história, e como tal precisa ser levado muito a sério, porque o ritual pode e vai mudar a sua vida."

Sugestões para iniciar a exploração

- Relembre os eventos da sua vida que foram marcados de alguma maneira especial – talvez com tanta simplicidade como sair para um jantar comemorativo, um buquê de flores inesperado, ou um cartão ou carta escrito à mão. Receber esse tipo de reconhecimento cerimonial aprofundou as experiências?
- Que costumes ou tradições você pratica atualmente? Investigue as maneiras como você poderia aprofundar essas experiências, sendo ainda mais atento à maneira como você as aborda.
- Procure introduzir mais cerimônia ou ritual na sua vida de oração, fora do seu lugar de culto. Observe como isso afeta a sua relação com Deus.

ESCRITURAS SAGRADAS

Leitura que Alimenta a Alma

Não deixe que se passe um dia sequer sem ler alguma parte das Escrituras Sagradas e dedicar algum tempo à meditação; pois nada alimenta a alma tão bem quanto esses estudos sagrados.

— THEONAS DE ALEXANDRIA

A leitura das escrituras sagradas é considerada uma atividade tão edificante que, na Igreja Católica, uma pessoa pode receber uma indulgência parcial quando ele ou ela faz uma leitura das escrituras sagradas; se a leitura continuar por meia hora ou mais, concede-se uma indulgência plena – oficialmente definida como "a remissão diante de Deus da penitência temporal devida aos pecados, ora perdoados em tudo o que diz respeito à culpa". Porém, a milenar prática de oração que envolve a leitura dos textos sagrados não é uma invenção exclusiva da igreja cristã, e sim de cada uma das principais tradições de fé do mundo. Considerando a ampla adoção e aceitação das escrituras, talvez pareça que não resta nada de novo a ser explorado. Mas muitas pessoas andam descobrindo o que, para elas, são maneiras criativas de se relacionar com as palavras santas, e as suas vidas espirituais são enriquecidas a partir dessas novas abordagens.

De acordo com os ensinamentos islâmicos: "O Alcorão foi transmitido em sete dialetos, e cada uma das suas frases possui um sentido extrínseco e intrínseco." Isso posto, o tema das escrituras sagradas motivou muitos teólogos a dar as suas opiniões sobre a melhor maneira de interpretá-las. Na sua obra *On First Principles*, um escritor cristão do século III que se chamava Orígenes explicou a sua crença de que as escrituras falam às pessoas em diferentes níveis, de acordo com a maturidade e percepção de cada um: "As coisas Divinas são comunicadas aos homens de maneira meio obscura e se tornam mais enigmáticas em proporção à descrença ou demérito do interessado."

Para Orígenes, o primeiro nível de entendimento era a interpretação literal – um plano de compreensão que ainda permeia muitos fiéis atualmente. Em seguida, escreveu Orígenes, há o segundo nível, quando alguém descobre o espírito das escrituras. O terceiro nível é a dimensão espiritual, onde aqueles que leem de fato são inspirados pelas palavras para viver vidas santas. Agostinho parecia concordar com essa descrição; em *Confessions*, ele escreveu: "Existem outros para quem as palavras da bíblia não são mais um abrigo, e sim um frondoso pomar onde eles avistam o fruto escondido. Eles voam na sua direção com alegria, irrompendo em música ao vislumbrar o fruto e com ele se alimentar."

Assim, quando alguém se empenha para avivar essa prática de oração na própria vida, é útil perceber as diferentes possibilidades para a bíblia: como história, como metáfora e como inspiração. Além do mais, existem as ações que se empreende para explorar essas diferentes possibilidades. Na sua *Letter on the Contemplative Life*, Guigo II, um monge cisterciense de Chartres do século XII, escreveu o seguinte: "Ler é buscar a doçura da vida abençoada, enquanto a meditação a encontra. Os devotos clamam por isso e a contemplação o saboreia. Ler, de certa forma, leva alimento sólido à boca, a meditação o mastiga e decompõe, a oração obtém o tempero, a contemplação é a mesma doçura que revigora e traz alegria."

Uma forma antiga de contemplar as escrituras sagradas, originada na tradição dos monges beneditinos, foi redescoberta e é cada vez mais praticada pelos buscadores espirituais contemporâneos: a Lectio Divina (que significa "leitura espiritual" em latim). Na Lectio Divina, os praticantes encontram a leitura da bíblia em quatro partes. A primeira parte é a *lectio*, ou leitura, onde alguém se pergunta o que o texto diz de fato. Depois vem a *meditatio*, ou meditação, na qual alguém pergunta como o texto se relaciona com a personalidade dele ou dela. Isso é sucedido pela *oratio*, ou oração, na qual o praticante pondera o que Deus está dizendo por meio do texto, e então pergunta a Deus como responder. A última parte é a *actio*, ou vivência, na qual alguém discerne como a experiência pode afetar a maneira como ele ou ela vive.

Outra forma de encarar a leitura da bíblia como prática de oração é fazer o que se chama de "leitura imaginativa", na qual – como o próprio nome indica – alguém usa a própria imaginação para visualizar as mesmíssimas cenas sobre as quais está lendo. No seu livro *Imagine Jesus*..., o padre Frank Andersen escreve: "Apenas na imaginação nós 'construímos uma imagem coerente' a partir das muitas influências diversas em nossa vida: a leitura e o estudo, a reflexão e a oração, a experiência conquistada a duras penas, e aquelas pessoas que nos afetam profundamente. É na imaginação que 'montamos o quebra-cabeça' e captamos o sentido das coisas – nós imaginamos como Deus é, e imaginamos a razão da vida."

Imaginar-se no cenário da história bíblica e conversando de fato com as pessoas nele representadas – incluindo os líderes espirituais – pode fortalecer a sensação de proximidade e compreensão de Deus. Para essa prática, pode-se usar um guia de estudos, tal como o do padre Andersen, ou simplesmente continuar com a passagem com a qual se trabalha há tempo suficiente para imaginar como seria estar lá.

Para outros, uma abordagem não estruturada talvez seja melhor, na qual simplesmente se lê uma passagem com calma, depois se para, de maneira a ver o que brota no coração e na mente. Quando alguém quer interagir mais ativamente com a bíblia, um conjunto de simples perguntas pode ser aplicado, tal como: O que isso quer dizer? O que isso simboliza? O que é essa comoção íntima dentro de mim? O que ela me diz a respeito de Deus? O que ela me diz a respeito de mim mesmo? O que é útil para mim; o que posso aprender com isso?

Essas práticas mostram que existem abordagens em relação às escrituras sagradas que ultrapassam a sua simples leitura ou mesmo o seu estudo. Como se diz na tradição hindu,

Estude as palavras, sem dúvida, mas procure encontrar
Por trás delas o sentido que elas indicam,
E ao encontrá-lo, atire as palavras fora
Como a palha depois que se peneira o grão.

Podemos usar a leitura como meio para comungar com o Divino, para usar uma série de palavras que encontramos como uma corda para ascender – seguindo a sua pista até a mais elevada compreensão e experiência de Deus.

Sugestões para iniciar a exploração

- Reflita sobre as passagens da escritura da sua própria tradição de fé que mais o alentaram. Quais delas influenciaram o seu modo de viver – ou encarar – a vida? Mantenha uma lista delas no seu diário.

- Experimente a leitura imaginativa da próxima vez em que você explorar uma história espiritual. Observe como usar ativamente a imaginação afeta a sua percepção de si mesmo – e a sua percepção de Deus.

SANTOS

Comungando com os Espíritos Puros ou Santificados

A veneração na qual um Tolstói, um São Francisco, um Cristo crucificado, e os santos nos quais todas as eras acreditam prova que, no santuário íntimo das suas almas, os homens egoístas sabem que não devem ser egoístas, e veneram o que eles imaginam que deveriam ser [...].

— REINHOLD NIEBUHR

Apesar de existirem santos em outras religiões, a palavra *santo* costuma ser associada à igreja cristã, principalmente aos ramos ortodoxo e católico. De fato, a referência aos santos traçou uma linha divisória entre os fiéis; os protestantes deixaram de reverenciá-los quando Martinho Lutero erradicou o "culto aos santos" no século XVI.

A palavra para santo ou santos usada nas escrituras cristãs é *hagios*, que se traduz como "santificado" ou "espíritos santos". Numa oração, Santo Agostinho elucidou o que os santos são e qual é a sua relação conosco:

Ó santos felizes que regozijam em Deus; Depois que atravessastes o tempestuoso oceano dessa vida, vós merecestes chegar ao porto do eterno repouso e paz soberana onde, abrigados da tempestade e do perigo, vós vos tornastes partícipes de glória e felicidade infinitas. Eu vos suplico, pela caridade da qual vossas almas são plenas, que olheis por nós com olhos benevolentes [...].

Vós sois os santos e favoritos de Deus; rogai por nós perante Ele com demasiada força e ardor, e pedi mui fervorosamente para que Ele nos associe a vós, para que um dia tenhamos a grande felicidade de abençoar eternamente a Sua misericórdia, e de vos empenhar a nossa gratidão para sempre.

Como o trecho sugere, os santos são vistos como nossos intercessores; como eles são santificados, as suas orações, sem dúvida, têm mais peso para Deus do que as dos meros mortais. E é exatamente aqui que jaz a controvérsia entre os protestantes e os demais ramos da igreja cristã: se precisamos ou não ter um "intermediário" virtuoso, ou se as nossas preces são poderosas o bastante quando oramos diretamente para Deus.

No Novo Testamento, a palavra *santo* se refere a todos os fiéis; o verso do Credo dos Apóstolos – "creio na comunhão dos santos" – refere-se a qualquer fiel que seja, ou foi, um seguidor de Jesus Cristo. Portanto, aqueles que se recusam a orar para os santos recomendam que todos nós oremos apenas a Deus, já que somos todos iguais sob o manto da nossa crença coletiva.

Entretanto, aqueles que defendem a oração aos santos destacam versos como 1 Tessalonicenses 5:25, no qual Paulo suplica: "Irmão, orai por nós." O significado, dizem eles, é que nós somos chamados a pedir que os outros orem com e por nós – que essa é a maneira de nos apoiarmos uns aos outros. Desse modo, assim como nós pediríamos a um irmão ou irmã em Cristo para orar por nós, podemos pedir ajuda em oração aos santos. Esse é o ponto crucial de argumentação quando se discute a prática de oração com os santos: os santos não são venerados em si, eles não são as entidades para quem oramos; nós simplesmente lhes pedimos para orar conosco. Tudo se resume a uma questão de preposição; não se ora tanto para os santos, mas com eles.

Na igreja ortodoxa, existem seis classes de santos: os Apóstolos, os Profetas, os Mártires, os Pais e Hierarcas da Igreja, os Monásticos e o Virtuoso. De acordo com a igreja ortodoxa: "Nós admiramos a vida [dos santos] para ganhar força e coragem, e continuamos a orar para que eles intercedam a nosso favor junto ao Senhor." Como os santos não apenas são capazes de conceder a intercessão, mas também servem de modelos de fé e comportamento, referências a eles – sob a forma de medalhas, cartões, estátuas e retratos – são bastante colecionadas pelos fiéis para reforçar a relação com o santo.

Essa ideia de relação é importante, porque os santos são considerados vivos, embora no reino do Espírito. Assim, orar para os santos se torna uma conversa íntima; o santo é mais um auxiliar no círculo espiritual de alguém, uma parte da sua comunidade. Os santos padroeiros são santos que representam interesses particulares e com eles são solidários; tais preocupações não raro faziam parte da própria experiência de vida do santo. Existem inúmeros livros de referência enciclopédicos que enumeram as causas dos santos padroeiros, variando das específicas (Precisando proteger a colheita das pragas? Invoque São Miguel, o Synnadon) até as gerais (Enfrentando uma situação difícil de qualquer espécie? Santo Estácio pode ajudar).

Porém, como Anthony M. Buono ressalta em *Praying with the Saints*: "Provavelmente a função mais importante dos santos em relação a nós [...] é o seu papel como exemplos ou modelos. Eles nos mostram como orar segundo as suas palavras e a viver segundo os seus atos. As palavras mais poderosas que eles proferem são as palavras das orações [...]. Ao orá-las [...], sem dúvida nós aprofundamos a nossa vida de oração."

Sugestões para iniciar a exploração

- Existe alguma oração atribuída a um santo – tal como a célebre oração de São Francisco – que o incentivou a aprender mais sobre esse santo? Em caso negativo, tente ler a respeito do santo para descobrir se esse conhecimento aviva a sua compreensão ou experiência com a oração.

- Se você ainda não pesquisou a vida dos santos, dê uma olhada no livro *All Saints* de Robert Ellsberg. Num formato adequado para a reflexão diária, Ellsberg fornece 365 breves biografias de pessoas que variam do apóstolo São Tiago até o guerreiro da liberdade sul-africano Stephen Biko. Registre como os seus exemplos afetam a sua vida ou o seu relacionamento com Deus.

SOLIDARIEDADE

O Caminho para a Alegria e a Recriação

*Por meio da solidariedade altruísta,
você sempre será próspero e encontrará satisfação.
Essa é a promessa do Criador.*

— Bhagavad Gita

Nas últimas muitas décadas, o tema da solidariedade tem sido cada vez mais abordado pela mídia e pelos políticos, e numa era de cinismo e realismo na tevê, isso é uma boa coisa. O ex-presidente George H. W. Bush incentivou o voluntariado ao convocar "mil pontos de luz", e quando o presidente Bill Clinton assinou a Lei do Dia Nacional de Martin Luther King e da solidariedade em 1994, a intenção foi sancionar o Dia de Martin Luther King como um dia de serviços comunitários. Pense bem: você nunca viu um adesivo de para-choque na traseira de um carro dizendo: "Pratique Atos Aleatórios de Bondade e Atos Impensados de Gentileza", ou teve o pedágio da ponte pago por um motorista generoso na sua frente?

Existe um curioso paradoxo que cerca a solidariedade, uma reação quase reversível que ocorre quando nós subvertemos as nossas tendências naturais para buscar o nosso próprio bem e, ao contrário, decidimos fazer o bem aos outros. Através do tempo, os sábios ensinam que a solidariedade, mesmo quando ela implica renúncia, traz o seu próprio lote de recompensas: como o renomado poeta indiano Tagore descreveu: "Eu dormi e sonhei que a vida era alegria,/ Despertei e vi que a vida era solidariedade,/ Eu agi e contemplei, a solidariedade é alegria."

A maioria das principais religiões do mundo incentiva a solidariedade ao próximo. De fato, os cânones de todas as tradições de fé não apenas enfatizam a solidariedade, mas a exaltam como a síntese da realização humana. No jainismo, ensina-se que "oferecer ajuda ao próximo é a função de todos os seres humanos" (*Tattvarthasutra* 5:21). E o Islã ensina que a solidariedade é o auge da realização: "Os melhores dentre os homens são aqueles que são úteis aos demais" (Hadith de Bukhari). O confucionismo vê a solidariedade não apenas como um meio para atingir um fim, mas como uma consequência natural da evolução espiritual: "Ao desejar se amparar, o homem de perfeita virtude também procura amparar os outros; ao desejar se engrandecer, ele também engrandece os outros" (*Analectos* 6.28.2).

E se, como ensina o Talmude, "todos os homens são responsáveis uns pelos outros" (Sanhedrin 27b), então como exatamente nós deveríamos demonstrar essa responsabilidade? Jesus exemplificou a vocação de maneira muito concreta – senão absolutamente literal – em João 13:12-16: "Depois que lhes lavou os pés, retomou o manto, voltou à mesa e lhes disse: 'Compreendeis o que vos fiz?', então indagou ele [...]. 'Se, portanto, eu, o Mestre e o Senhor, vos lavei os pés, também deveis lavar-vos os pés uns aos outros.'"

Um mestre espiritual moderno, Mahatma Gandhi, consideraria um gesto tão simples exatamente tão vital quanto algo feito em maior escala. Ele ensinou que "por menor que o seu gesto possa parecer, é extremamente importante que você o faça". Em compensação, os atos de solidariedade fornecem uma sensação de propósito à pessoa que oferece a solidariedade. Como o artista e filósofo Benjamin Crème descreveu: "A solidariedade altruísta habilita alguém a cumprir o desígnio da alma no mundo cotidiano, descentralizando, assim, o próprio foco e aprimorando o crescimento espiritual." E essa sensação de propósito é muito real – na verdade, os cientistas que estudam os efeitos fisiológicos da solidariedade ao próximo descobriram que isso provoca o que eles chamam de "euforia do ajudante".

Não só a pesquisa mostrou que ser voluntário pode beneficiar a saúde da própria pessoa; a solidariedade pode até prolongar a vida. Em um estudo de 1988 da Universidade de Michigan, os pesquisadores descobriram que a expectativa de vida aumenta entre as pessoas que se voluntariam – 250% para os homens. E um estudo da Universidade de Duke sugere por que; ele mostrou que ex-pacientes cardíacos que se voluntariaram para ajudar pacientes que acabavam de ser diagnosticados não apenas melhoravam os níveis de humor, mas também os níveis de funcionamento do sistema imunológico.

Contudo, a solidariedade pode não ser tão simples quanto parece – pois para ser realmente solidário, é necessário abandonar as próprias expectativas de gratidão, reconhecimento, quaisquer sentimentos conscientes ou inconscientes de superioridade ou poder, inclusive as próprias opiniões sobre o que deveria acontecer como resultado da solidariedade. O autor e mestre Ram Dass, cujo *How Can I Help?* foca no tópico da solidariedade, ou "compaixão em ação", falou desse assunto numa entrevista do programa televisão *Thinking Allowed*, comentando que a solidariedade é "um método de iluminação muito preciso – o de servir onde não há servos, porque o *Bhagavad Gita* diz: 'Não se identifique como sendo o agente, e não se apegue aos frutos da ação.' Você não é o ajudante, você é a ajuda, e quem obteve ajuda permanece aberto a discussão."

Em outras palavras, a solidariedade não diz respeito apenas ao que você faz, mas a como e por que você o fez – ela deve brotar de um estado de integridade, gratidão e amor. Como o escritor Oswald Chambers descreveu: "A solidariedade é o transbordamento que jorra de uma vida plena de amor e devoção. Mas falando de maneira estrita, não existe nenhuma *vocação* para praticá-la. A solidariedade é aquilo que eu trago para o relacionamento e é o reflexo da minha identificação com a natureza de Deus. A solidariedade se torna uma parte natural da minha vida. Deus me dispõe numa relação correta com Ele para que eu possa entender o Seu chamado, e então servi-lo eu mesmo pela motivação do amor absoluto."

A solidariedade é uma decorrência do nosso relacionamento com o Divino; ela flui da nossa experiência pessoal do

Espírito, como um impulso de fundir com os outros, concedendo-nos nesse movimento um novo significado e uma nova sensação da nossa interligação. Ela é o elo na corrente que pode provocar a verdadeira mudança; mas para fazê-lo, devemos começar pelo início, cuidando para que a nossa morada espiritual esteja em ordem antes de tentarmos limpar as instituições maiores da nossa vida. E enquanto isso, nós nos reinventamos como novos, também; como Gandhi escreveu: "Deus não exige nada menos que a completa rendição como preço da única verdadeira liberdade que vale a pena ter. E, quando nos perdemos, imediatamente nos encontramos a serviço de todas aquelas vidas. Isso se transforma na nossa alegria e recriação. Somos uma nova pessoa, jamais cansados de nos exaurirmos a serviço da criação de Deus."

Sugestões para iniciar a exploração

- Pense naqueles à sua volta – um de seus pais ou vizinhos precisa de ajuda devido à idade? Tome nota de algumas ideias sobre as coisas úteis que você poderia fazer por eles – ou com maior regularidade.
- Considere oferecer solidariedade anônima. Enumere que tipo de gestos solidários você pode fazer – mas sem ser descoberto.
- Faça o que é importante para você, e não pense que a solidariedade vem apenas em doses cavalares. Pense pequeno: Madre Teresa ensinou que o amor são pequenas coisas feitas de maneira grandiosa. Sorrir para as pessoas na rua, segurar as portas abertas, recolher o lixo são todas maneiras de ser solidário.

TRABALHO DE SOMBRA

A Iluminação Através da Exploração das Trevas

Ninguém se torna iluminado por imaginar figuras de luz, mas por tornar a escuridão consciente.

— CARL GUSTAV JUNG

Dentre todas as práticas de oração que existem à nossa disposição, fazer o trabalho de sombra – explorar aqueles aspectos do inconsciente que talvez se prefira ignorar de imediato – é talvez uma das atitudes mais difíceis e, porém, mais necessárias para aprofundar a vida espiritual de alguém. Como a escritora Madeleine L'Engle ressalta em *Walking on Water: Reflections on Faith and Art*, existe uma relação radical entre as palavras *curar*, *todo* e *sagrado*. Nós precisamos curar, para abraçar todas as partes de nós mesmos e aceitar a nossa totalidade, antes que possamos viver verdadeiramente a vida sagrada que desejamos. É um fato irônico que embora reprimir ou negar as nossas tendências negativas faça com que elas pareçam desaparecer, quando menos esperamos nós tornamos a encontrá-las, maiores do que nunca – portanto, enfrentar essas partes de nós é a essência do trabalho de sombra. O que descobrimos no processo é a graça Divina.

O termo "sombra" foi cunhado pelo psicólogo suíço Carl Jung; segundo Jung, nós passamos a vida projetando aspectos de nós mesmos nos outros. Em outras palavras, aquilo que odiamos – ou amamos – nos outros, reflete aspectos de nós mesmos que ainda não trouxemos à consciência. Vemos a sombra em arquétipos que nos acompanham desde o início da civilização; podemos ficar bastante convictos de que caminhamos em território sombrio quando ficamos tentados a dividir qualquer grupo de pessoas entre "mocinhos" e "bandidos". Curiosamente, Jung introduziu ainda o conceito de sombra "luminosa" ou "dourada" – pois também projetamos grande admiração nos outros, que pode ser usada com maior proveito para desenvolver qualidades idênticas em nós mesmos.

No entanto, para que não fiquemos tentados a nos envolver com projeção a essa altura – e ver a sombra como "ruim" – devemos nos lembrar que supostamente a sombra porta dádivas maiores, que muitas vezes aquilo que imaginamos ser o pior aspecto de nós mesmos na verdade está intrinsecamente relacionado ao nosso melhor. Pode-se dizer que o trabalho de sombra se assemelha à exploração de uma mina: se conseguimos aprender a descer, a penetrar a escuridão e encarar aquela poeirenta muralha de rochas, conseguimos começar a explorar as pedras preciosas incrustadas nela.

A psicoterapeuta Connie Zweig é coautora com Steve Wolf de *Romancing the Shadow*, e fundadora do Institute for

Shadow-Work and Spiritual Psychotherapy em Los Angeles. Numa entrevista para o programa de rádio *Insight & Outlook*, ela explicou a ligação do trabalho de sombra com a vida espiritual: "Todas as antigas tradições espirituais sabem que cedo ou tarde você encontra os demônios no caminho. Entendia-se que encontrar a sombra era uma parte fundamental do ensinamento religioso e espiritual [...]. Na nossa ânsia de sermos mais espiritualizados, mais conscientes, mais sensíveis, nós perdemos o contato com os mundos inferiores."

Zweig ressalta que em outras culturas, assim como a balinesa, o lado negro é abertamente reconhecido – pode-se até ver máscaras de demônios penduradas nas portas, colocadas lá para saudar os visitantes.

Numa cultura que equipara santidade com doçura e anjos, e não máscaras de demônios, talvez seja difícil compreender inteiramente por que alguém desejaria se empenhar num trabalho de sombra. Essa é uma questão tratada por *Um Curso em Milagres*: "Não fracasse na função de amar num lugar sem amor, feito de escuridão e engano, pois é assim que se desfaz a escuridão e o engano." Em outras palavras, só conseguimos eliminar o que é mais sombrio em nós ao encará-lo. E as recompensas por isso são grandes, como Zweig ressaltou numa entrevista à revista *Kindred Spirit*. Quando se desvela e enfrenta a própria sombra, ela perde a força – permitindo que a pessoa "ouça novamente a voz do eu, a voz da própria sabedoria intuitiva, a parte de você que sabe o que é uma atitude correta. Carl Jung costumava dizer que se conseguíssemos iluminar um pouquinho a nossa própria escuridão, isso eliminaria a maior parte da escuridão do mundo".

Portanto, o trabalho de sombra se torna uma prática de oração não só para estarmos mais presentes numa relação com o nosso Deus, e o nosso mundo, mas porque ao fazer o trabalho de sombra, nós podemos ajudar a garantir que as nossas próprias sombras não comandarão o espetáculo – pelo menos, não com frequência. Ao curar as nossas partes que estão na sombra, em um sentido muito real nós contribuímos para a cura do mundo, já que a sombra usa a recriminação ou a antipatia por outras pessoas para distrair um indivíduo da autocrítica. Logo ao constatar que as qualidades que vemos nos outros são aspectos de nós mesmos, nós trocamos a culpa e a condenação por um senso de responsabilidade, ou, para usar um termo atual do marketing, a reação pela proatividade. Desse modo, tornando-nos piedosamente conscientes daquilo que há no nosso "eu inferior", nós podemos exprimir o nosso eu superior com maior regularidade.

Sugestões para iniciar a exploração

- Como Zweig indica, é mais fácil perceber quando nos encontramos estimulados por elementos de sombra pelas reações do nosso corpo. Comece a registrar quando você tem reações físicas intensas às coisas, e saia à caça de informações acerca da sombra a partir daí.
- Quando você tem uma reação intensa, positiva ou negativa, em relação a alguém, tente personificar os pensamentos. Em vez de notar o quanto ele é teimoso ou como ela é sábia, faça o contrário: "Eu sou tão teimoso"; "Eu sou tão sábio". Memorize o pensamento, e mais tarde o introduza na oração.

CONTAR HISTÓRIAS

Palavras que Entusiasmam ou Acalmam as Almas

> *O mundo é total:*
> *ele corta, esfola*
> *forma, modula*
> *perturba, enlouquece*
> *cura ou mata diretamente*
> *amplia ou reduz*
> *De acordo com a intenção*
> *Ele entusiasma ou acalma as almas.*
>
> — Canção de louvor de um bardo da
> tradição bambara do Komo

Isak Dinesen certa vez escreveu que "todo sofrimento é tolerável quando visto como parte de uma história", o que pode ser uma das razões pelas quais toda cultura, toda tradição religiosa, todo grupo de pessoas desde o início da civilização pratica o ato de contar histórias. Contar uma história nos permite consolar, louvar, inspirar, curar, recordar, ensinar – e reverenciar o Divino da nossa compreensão. Como a antropóloga cultural e escritora Angeles Arrien destaca: "As histórias representam a verdade dentro de nós."

O ato de contar histórias é um método de comunicar o sagrado desde o início da humanidade. Dos mitos gregos ao teatro de sombras indonésio que dramatiza os épicos hindus, das narrativas da criação dos índios americanos até as assembleias comunitárias africanas do tipo pergunta e resposta, as culturas ao redor do mundo sempre se reuniram para entremear as lições espirituais com as suas histórias.

O hassidismo é uma cultura religiosa que continua valorizando o ato de contar histórias. O hassidismo acredita que, quando se ouve uma história, alguém deve deduzir que a história é contada em seu próprio benefício, mesmo se outros estiverem presentes, e assim todos são chamados a refletir intimamente sobre os possíveis significados da história.

Os contos sobre os santos hassídicos, chamados *tzaddikim*, são particularmente apreciados. Conta-se uma história sobre o rabino Israel de Rizhin, que fornece um exemplo comovente para contar histórias como oração:

> A hora da oração já passou e eu não rezei. Porém, basicamente, qual é a diferença entre contar uma história sobre os tzaddikim e orar? A oração se encaixa na categoria "Louvai ao Senhor!", enquanto contar histórias se encaixa na categoria "Louvai aos servos do Senhor!" No Livro dos Salmos, o rei Davi às vezes escreve "Louvai ao Senhor!" antes de "Louvai aos servos do Senhor!", mas em

outras ocasiões, ele as escreve na ordem inversa, indicando que ambas têm o mesmo valor. Isso nos ensina que narrar as lendas dos tzaddikim é o mesmo que orar.

A escritora Susan Lowell parece concordar, depois de escrever que "os contadores de histórias, como os apóstolos, são pescadores de homens". As santas escrituras de todas as principais tradições de fé são compostas de histórias – por meio das histórias nós entendemos a natureza de Deus e a natureza dos demais seres humanos. Por meio das histórias nós compreendemos o mundo, entendemos as atitudes e valores que esperam de nós, oferecemos esperança e damos mais poder, registramos as nossas histórias, nos aproximamos das nossas comunidades, e inspiramos patamares mais amplos de transformação para nós mesmos e os outros.

Além disso, algo mágico acontece quando usamos o formato da história; não nos sintonizamos apenas no nosso próprio mundo imaginário, mas também no inconsciente coletivo. Portanto, todas as histórias são universais; apesar dos estilos narrativos variarem, nós estamos ligados pela igualdade de seres humanos num mundo frequentemente imprevisível. Por meio da história nós fazemos sentido; nos tornamos criadores ao tentar compreender o nosso Criador. Como o romancista e contador de histórias africano Chinua Achebe expressou: "A história é o nosso guia; sem ela, nós somos cegos. O cego comanda o guia? Não, tampouco nós comandamos a história; ao contrário, é a história que nos comanda e orienta."

E se é a história que "nos comanda e orienta", então precisamos ter cuidado com as histórias que contamos a nós mesmos. Existem aspectos negativos, assim como positivos, em relação às histórias, motivo pelo qual as histórias que reverenciam o sagrado são tão desesperadamente necessárias hoje. Do mesmo modo como o advento da prensa tipográfica suplantou a história oral, a tecnologia avançada – sob a forma da televisão, dos filmes e jogos de computador – cada vez mais toma o espaço da palavra impressa. Isso talvez venha a prejudicar as crianças, cujas histórias agora consistem em geral do mais baixo denominador comum em vez do mais alto. Registrou-se que, num único ano, uma criança americana assiste a 12.000 atos de violência, 14.000 referências sexuais e quase 20.000 comerciais. Nós também estamos perdendo as histórias dos mais velhos por não as honrarmos. O escritor Alex Haley ressaltou esse ponto com muita ênfase quando escreveu: "A morte de uma pessoa idosa é como o incêndio de uma biblioteca."

Entretanto, existem novas formas de contar histórias que estão brotando e podem ser cultivadas. Parte do entretenimento popular se presta a interpretar os arquétipos ancestrais de maneiras criativas, tal como a série *Guerra nas Estrelas*. Numa entrevista para Bill Moyers, o diretor George Lucas proclamou que "narra um antigo mito de uma maneira nova". E o crescimento dos grupos de apoio, baseados no modelo dos Alcoólicos Anônimos, oferece um campo para as histórias que ensinam os ouvintes sobre as profundezas do inferno – e a graça existente, capaz de mudar vidas radicalmente. Como o autor Barry Lopez afirma: "As histórias que as pessoas contam têm um jeito de tomar conta delas. Quando as histórias chegarem até você, cuide delas. E aprenda a oferecê--las onde elas forem necessárias. Às vezes, uma pessoa precisa mais de uma história que de comida para permanecer viva. É por isso que colocamos essas histórias uns nas memórias dos outros. É assim que as pessoas cuidam de si mesmas."

Sugestões para iniciar a exploração

- Sente-se em silêncio por quinze minutos e faça uma lista das histórias que alentaram a sua vida. Alguma delas vem de uma tradição de fé particular?
- Relembre o que recentemente despertou a sua alma sob a forma de conversa, livro, revista, programa de televisão, artigo na internet, ou filme. Pense na história que era o cerne de cada um deles.
- Torne-se mais consciente das histórias que conta aos outros. Encare o ato de contar histórias como uma prática de oração. Observe os diferentes efeitos sobre os ouvintes da história sobre todas as coisas que deram errado hoje, e a história sobre o generoso ancião que lhe cedeu o próprio lugar na fila do supermercado.

SAUNA SAGRADA

Um Lugar que Oferece Força e Poder

O banho a vapor é um dos costumes religiosos mais essenciais. Por meio da sua ação as mentes e corpos purificados são postos em harmonia com os poderes sobrenaturais. Mesmo quando ela é empregada para curar doenças, acredita-se que é o poder dos espíritos, e não o vapor, que expelirá a enfermidade.

— Edward S. Curtis

Embora os banhos a vapor sejam praticados em diferentes formas por muitos povos do mundo, incluindo habitantes da Europa, Escandinávia, Rússia, África, América Central, Japão, Oriente Médio e no Mediterrâneo, as razões para essa prática são basicamente relacionadas à saúde. Mas para os índios americanos, a prática de passar algum tempo numa tenda do suor – conhecida como *Inipi* – vai muito além disso. Para eles, trata-se de uma cerimônia religiosa que oferece os dons da purificação, da cura, da renovação e do poder.

Em *Legends Told by the Old People*, conta-se a história de como surgiu a cerimônia da sauna sagrada: "A sauna sagrada, quando ficou a sós, falou para si mesma: 'Todos agora se foram, e a nova Gente chegará logo. Quando chegarem, devem encontrar algo que lhes dê força e poder. Eu ficarei no chão, para o uso dos seres humanos que estão por vir. Quem quer que me visite agora ou depois, eu lhe concederei poder [...].'"

A prática da sauna sagrada foi registrada pela primeira vez no final do século XVII. Ela consiste em construir a tenda cerimonialmente, o que é feito em oração, usando elementos que carregam importância simbólica, tal como a madeira de cedro, que se acredita ser capaz de fortalecer a oração. A sauna sagrada é construída por meio da criação de uma estrutura convexa de madeira que, em seguida, é coberta com lona, mantas ou peles de animais; cava-se um buraco no centro da tenda para abrigar as pedras aquecidas.

Uma fogueira é acesa nas proximidades, onde se aquecerão as pedras que depois serão transferidas para o centro da tenda. A oração é uma parte fundamental da cerimônia ao longo de toda a sua duração e durante a sua criação: aqueles que reúnem as pedras e cuidam do fogo oferecem orações para que a experiência beneficie os participantes da sauna sagrada.

Um altar é construído do lado de fora da sauna sagrada, usando-se a terra retirada do buraco onde as rochas aquecidas serão depositadas. Nele, os participantes depositam objetos de significado especial para eles, como uma pena ou uma pedra. Ao lado, a porta da sauna sagrada é construída rente ao solo, para evitar que o calor escape do seu interior. O modelo obrigatório possui importância metafórica: precisar abaixar-se para entrar na sauna sagrada reforça uma atitude de humildade; e já que também é necessário se arrastar para sair da tenda, essa ação significa renascimento.

Como a tenda do suor é vista como um lugar sagrado, e até considerada por certas tribos como uma representação do útero da Mãe Terra, uma cuidadosa preparação deve ocorrer antes de se entrar nela. Não raro os participantes jejuam antes da cerimônia e passam tempo em contemplação. Em geral, alguém é purificado com fumaça de sálvia antes de entrar na sauna sagrada, usando um calção de banho, short, uma toalha – ou absolutamente nada.

Logo que entram na tenda, deslocando-se no sentido horário, os participantes se sentam em círculo ao redor do buraco. As pedras quentes são trazidas para dentro da tenda; depois esparge-se água sobre elas para produzir vapor. Essa névoa simboliza a respiração do Divino.

O "suadouro" costuma ser cumprido em quatro etapas, cada uma durando em média 45 minutos. Depois de cada etapa, aquele que cuida do fogo traz mais pedras aquecidas para substituir as que já esfriaram na tenda. No escuro, durante uma etapa, os participantes oram, cantam, tocam tambores; às vezes fazem declarações ou simplesmente permanecem em silêncio, observando os reflexos vermelhos brilhantes das pedras, que ilustram o esplendor do Espírito.

Os praticantes da sauna sagrada acreditam que a cerimônia lhes oferece limpeza espiritual, que ela aumenta a percepção e abre os seus corações. Uma cerimônia da sauna sagrada por si só é altamente significativa, embora ela também seja realizada antes de outros rituais importantes, tais como uma busca de visões. Depois que os participantes deixam a tenda, eles se lavam com água para completar a limpeza. Diz-se que a cerimônia da sauna sagrada foi dada aos homens pelas mulheres, que já tinham a habilidade de se purificar após os ciclos mensais. (As mulheres menstruadas podem participar de uma "tenda da lua", uma cerimônia de sauna sagrada realizada exclusivamente para elas.)

Assim como outras práticas de oração, respeitar a tradição sagrada da tenda do suor é de suma importância. Como a prática foi apropriada pelos povos de outras culturas, que não têm pleno conhecimento do significado espiritual da sauna sagrada, muitos índios americanos compreensivelmente sentem que algo sagrado lhes foi roubado. Mas enfrentar o "suadouro" simplesmente não significa que alguém de fato experimentou a prática da sauna sagrada. Parafraseando as palavras de Bobby Woods, que comanda a prática entre os Lakota: "Todas as coisas empregadas no rito do suadouro são sagradas para os índios americanos e devem ser inteiramente compreendidas [...], pois o verdadeiro poder de uma coisa ou ato se encontra no entendimento."

Sugestões para iniciar a exploração

- Caso você se sinta chamado para a cerimônia da sauna sagrada, primeiro se concentre na sua intenção – por que você deseja fazer isso? Já que um dos atributos da transpiração é a purificação espiritual, comece a anali-

sar por que você quer se purificar e pergunte, em oração, qual a melhor maneira de fazê-lo.
- Estude as cerimônias da sua tradição de fé. Existe alguma que incorpore os elementos de criação, comunhão, cura e purificação? Você conseguiria criar a sua própria cerimônia para esses propósitos?
- Se, depois de cumprir as etapas acima, você ainda quiser experimentar uma cerimônia da sauna sagrada, comece por fazer uma busca na internet usando essas palavras. Depois de colher as informações, você vai começar a descobrir o que fala às suas necessidades.

ORAÇÃO TAIZÉ

Um Cântico que Reverbera no Silêncio do Coração

Nada é mais conveniente à comunhão com o Deus vivo que uma oração meditativa comunitária com [...] um canto que jamais termina, e que reverbera no silêncio do coração quando se fica sozinho de novo. Quando o mistério de Deus se torna tangível por meio da singela beleza dos símbolos, quando ele não é sufocado pelo excesso de palavras, então orar com os outros, longe de transbordar monotonia e tédio, nos desperta para a alegria paradisíaca na terra.

— IRMÃO ROGER SCHUTZ, FUNDADOR DA TAIZÉ

Uma área iluminada por candelabros, decorada com elementos de beleza – talvez um ícone, a ressonância dos cantos rítmicos e da leitura espiritual, depois uma profunda imersão em silêncio – esses são os componentes de um culto de oração Taizé, no qual o todo é uma celebração espiritual comunal maior que a soma das suas partes.

A palavra *Taizé* é o nome de um vilarejo próximo a Cluny, França, que abriga uma comunidade de irmãos fundada pelo Irmão Roger Schutz durante a Segunda Guerra Mundial. Na época com 25 anos, o Irmão Roger encontrou uma casa à venda em Taizé que ele poderia usar para abrigar uma comunidade cristã, além de proteger os judeus e outros refugiados que se escondiam dos nazistas. Segundo a história, quando ele encontrou a casa, uma velha mulher que vivia em Taizé lhe pediu que se instalasse lá porque os habitantes da cidade ficavam isolados demais. O Irmão Roger ouviu a voz de Deus falar com ele por meio do pedido melancólico daquela mulher – e hoje a comunidade Taizé que ele fundou consiste de aproximadamente uma centena de irmãos de 25 países do mundo inteiro.

A simplicidade é o princípio fundamental por trás de um culto Taizé; o estilo despretensioso do culto é conservado, numa tentativa consciente de acolher todas as pessoas nessa prática. Talvez por esse motivo, muitas igrejas na América – de várias denominações – agora oferecem cultos Taizé às suas congregações. Porém, a simplicidade da cerimônia permite que ela seja adaptada a qualquer ambiente, incluindo o próprio lar. A chave para a experiência espiritual dos praticantes não é o lugar, mas a repetição de canções e frases simples, além do silêncio subsequente. Para aqueles que praticam a Taizé, a sua deliberada simplicidade é uma ferramenta poderosa para a comunicação com o Divino.

Escreve o fundador de Taizé: "O conhecimento extensivo não é importante no princípio. Ele será de grande valor na hora certa. Mas é pela via do coração, nas profundezas de si mesmos, que os seres humanos começam a entender o Mistério da Fé. As coisas não são concedidas todas ao mesmo tempo. Uma vida interior é desenvolvida passo a passo. Hoje, mais que no passado, nós mergulhamos na fé seguindo adiante em etapas." Para complementar, o Irmão Roger afirma: "A oração expressa na canção permanece uma das expressões mais essenciais da busca por Deus. Os cânticos breves, repetidos sem parar, enfatizam a característica meditativa da oração. Em poucas palavras, eles expressam uma verdade essencial que é rapidamente compreendida pela mente, penetrando aos poucos no ser total de alguém."

Da mesma maneira, num culto de oração Taizé, canta-se – em geral à capela – cânticos simples de um ou dois versos; como a música é a oração, repete-se esses cânticos sem cessar. Eles às vezes são cantados em francês, espanhol, latim ou alemão, e às vezes acompanhados por instrumentos musicais como uma flauta ou um violino, mas é a própria repetição dos cânticos que serve como um mantra para invocar uma sensação meditativa de tempo e dimensão alterados – ou alteados.

O culto geralmente inclui leituras dos salmos e dos evangelhos, orações de intercessão e um período de profundo silêncio, que dura em média de dez a vinte minutos.

Muitas das orações Taizé são acompanhadas de simbolismo; as velas que iluminam o culto ilustram a luz do amor de Cristo, que está presente até numa escuridão metafórica.

E a observação do silêncio, muito prezada como um alívio do ritmo acelerado do mundo, também é uma lembrança de que as palavras são inadequadas para expressar o profundo desejo que guardamos em nossos corações e almas de estar na presença de Deus.

O Papa João XXIII chamou a Taizé de "pequena primavera da igreja"; hoje, peregrinos de todas as partes do mundo, de todas as idades e origens, se dirigem à comunidade Taizé para experimentar o seu estilo singular de oração. Os irmãos da comunidade Taizé, que oram três vezes ao dia, se sustentam por meio do próprio trabalho; o Irmão Roger os convoca a "serem plenos com o Espírito da Beatitude: alegria, simplicidade e compaixão".

Novamente, o poder do símbolo é aplicado ainda à própria comunidade, pois o Irmão Roger desejava que a comunidade Taizé fosse um símbolo de esperança – "uma celebração espiritual" e "uma parábola de comunhão, onde as pessoas buscam se reconciliar todos os dias". E, como convém a uma tradição que foi criada em meio à luta de uma sofrida guerra mundial, quando se adentra a Igreja da Reconciliação em Taizé, vê-se uma placa que diz: "Permita que todos que entrem aqui se reconciliem, irmão com irmão, irmã com irmã, nação com nação."

Sugestões para iniciar a exploração

- Incorpore a leitura de passagens bíblicas e o entoar de cânticos ou canções meditativas no seu período de oração, depois deixe-se mergulhar em um longo período de silêncio. Como isso contribui para a sua experiência espiritual? Como fazê-lo em comunidade contribui para a sua experiência espiritual?
- Experimente adicionar elementos para embelezar o seu espaço de oração – dependendo do seu caminho de fé, você talvez queira adicionar um crucifixo ou outra representação religiosa, flores ou velas.

SEXO TÂNTRICO

Um Meio de Experimentar a União Transcendente com Deus

A função sexual é o casamento entre o consciente e o inconsciente e ainda de uma terceira parte, a síntese com o Buda de imensurável esplendor.

— JOSEPH CAMPBELL

Dentre todas as práticas espirituais, o sexo tântrico é talvez a mais deturpada. As razões para tanto são inúmeras; na tradição religiosa judeu-cristã, o sexo dificilmente seria celebrado como um caminho para o Divino. Apesar do Cântico dos Cânticos de Salomão, historicamente o ato sexual costuma ser visto como um meio para a procriação, não para o prazer — e decerto não como um meio de experimentar o sagrado. Outro obstáculo, talvez, é que com o ressurgimento do interesse no sexo tântrico na cultura ocidental, que já é permeada pelo repertório de imagens sexuais, nem sempre as motivações para praticar essa forma de oração não são de caráter mais puro, mais espiritual. Mas para aqueles que estudaram as suas sutilezas e compreendem as suas disciplinas, o sexo tântrico oferece um modo de experimentar nada menos que a união transcendente com Deus. A prática se originou na Índia no ano 3000 a.c., embora a sexualidade como prática sagrada também tenha uma história no Tibete, na China, no Oriente Médio e na Europa. Incorporando ritual, yoga e meditação, o sexo tântrico é visto como um método para experimentar o Divino. A palavra *tantra* encontra as suas origens no sânscrito arcaico e significa "tecer ou expandir" – que implica tornar-se física e espiritualmente enlaçado não apenas com o parceiro, mas com todas as coisas vivas. Os praticantes do sexo tântrico apontam as sensações elevadas de interligação, união mística e unidade com tudo – incluindo Deus – como os frutos desse exercício.

O alicerce da tradição tântrica são os deuses hindus Shakti e Shiva, que representam os princípios feminino e masculino. A união entre a deusa e o deus resultou na própria criação do universo, e representa o seu perfeito equilíbrio e harmonia por meio dessa união entre as energias feminina e masculina – yin e yang. Essa sensação de harmonia é o que muitos praticantes do sexo tântrico apontam como benefício – uma sensação de bem-estar, que não só afeta o casal, mas reverbera para o mundo.

Apesar do tantra ser praticado na Índia há centenas de anos antes de ser adotado pela tradição budista, é no Tibete que se considera que a tradição tântrica alcançou os níveis mais altos de prática. Mas os dedicados praticantes argumentam que o sexo não é o elemento mais importante da tradição tântrica; ele é apenas uma das muitas práticas, que incluem posturas de yoga, práticas de respiração e meditação, e movimento de energia que canaliza a kundalini, a principal energia do corpo. Trabalhar com um parceiro ajuda a enriquecer essas experiências, porque a energia e a consciência das duas pessoas se combinam.

Na cosmovisão tântrica, o sexo foi divinamente criado para casais comprometidos experimentarem o transcendente enquanto se entregam à vida por inteiro – e sem precisar se isolar num ambiente ascético. Visto como uma prática de oração, o sexo tântrico cria uma consciência extática do momento presente, que induz sentimentos de união e ligação espiritual mais intensa. Na experiência do orgasmo, os praticantes de fato morrem para a consciência cotidiana de si (razão pela qual os franceses rotularam o orgasmo de *petit mort*, ou "pequena morte") entrando num estado de bem-aventurança que às vezes pode durar horas.

Na verdade, é essa habilidade muitíssimo comentada dos praticantes do sexo tântrico para prolongar a sensação de êxtase que desperta grande interesse entre os não iniciados. Contudo, o astro do rock Sting talvez estivesse falando para milhões de pessoas ao declarar que, quando divulgaram que ele e a esposa praticavam sexo tântrico durante horas a fio, não se mencionou que tal período de tempo incluía jantar e assistir um filme.

Da mesma maneira que todas as formas de oração, a intenção por trás do ato é o que distingue o caráter espiritual de uma prática. Como a dra. Deborah Anapol, fundadora do

Sacred Space Institute e mestre na sexualidade sagrada, nos lembra: "O dicionário define o sagrado como 'feito ou declarado santo, dedicado ou devotado exclusivamente ao uso, propósito ou pessoa digna de reverência ou respeito.'" Portanto, quer alguém escolha o caminho de estudar as disciplinas ancestrais da sexualidade tântrica, ou reservar o ato sexual a uma relação estável com um novo sentido da sua ligação com o sagrado, o que transformará a união física é o precioso ingrediente do amor. Como São Francisco de Sales escreveu: "A alma não pode viver sem amor."

Sugestões para iniciar a exploração

- Novamente, saber a sua intenção para essa prática é o ponto de partida mais importante. O que o atrai para isso – uma união mais profunda com Deus, ou com o parceiro? A resposta afetará a maneira de proceder.

- As formas pelas quais você pode começar a criar um veículo sagrado para o tempo com o parceiro abrangem enfeitar o ambiente; meditar e orar com o parceiro; olhar dentro dos olhos um do outro, movendo-se devagar, e reservar um espaço de tempo; e impregnar a experiência com o amor pelo parceiro – e por Deus.

CERIMÔNIA DO CHÁ

A Paz Genuína Conquistada por Meio de uma Tigela de Chá

Todos nós que estudamos o chanoyu, por meio dessa prática, temos por objetivo representar o respeito e a harmonia entre as pessoas. Ao mesmo tempo, por meio da mesma prática, o eu e o corpo são refinados e ponderados, e a mente é conduzida a um estado de clareza. A paz genuína, a paz sem discriminação, alcançada por intermédio de uma tigela de chá – é para alcançá-la pela via do Caminho do Chá que eu oro.

— Hounsai Iemoto

Embora tanto os chineses quanto os japoneses tenham cerimônias do chá, o Caminho do Chá é japonês; diz-se que a diferença entre os dois é que os chineses enfatizam o chá, enquanto os japoneses enfatizam a cerimônia. E a cerimônia é uma prática de oração, cujas raízes se encontram na tradição do zen-budismo.

A cerimônia japonesa do chá, denominada *chanoyu* ou *chadô*, envolve – como o nome indica – o ato de preparar, servir e beber um chá-verde em pó chamado *macha*. Mas isso não tem nada a ver com as frivolidades a respeito de Martha Stewart, e sim com simbolismo e intenção espiritual. De acordo com Kakuzo Okakura em *O Livro do Chá*, o seu famoso tratado de 1910:

> No chadô, o mais importante é o aspecto espiritual. Pode-se criar harmonia entre as pessoas, entre os objetos, entre uma pessoa e um objeto [...]. No chadô, devemos respeitar a tudo e a todos sem distinção de classe ou posição. No chadô, a pureza espiritual é essencial. Só podemos encarnar a tranquilidade quando abraçamos a harmonia, o respeito e a pureza. Ao aprender o chadô, buscamos obter uma suprema paz de espírito. O chadô é um tipo de mentalidade religiosa. A essência do chadô pode ser compreendida como o princípio fundamental para a vida de cada pessoa. O espírito do chadô é universal.

Alega-se que o chá em si tem origens espirituais; conta-se que Lao-Tzu, o fundador do taoismo no século VI, recebeu o chá como presente de um discípulo. E a lenda da tradição budista narra que quando um grande santo budista sentiu-se incapaz de meditar sem ficar sonolento, ele cortou as pálpebras e as atirou ao solo. Delas brotaram as folhas verdes em formato de olho da planta do chá.

O chá-verde macha chegou ao Japão no século XII; e a cerimônia do chá que hoje conhecemos foi praticada primeiro por um mestre zen chamado Sen no Rikyu durante o final do século XVI. A união dos atos mais mundanos da vida com os mais sublimes ideais espirituais realizada por Rikyu se tornou o que é conhecido como O Caminho do Chá. No *Nambo Roku*, que descreve o propósito e as regras da cerimônia do chá, Rikyu comparou a cerimônia do chá à prática dos ensinamentos de Buda e ao alcance da iluminação. Ele explicou que a essência da cerimônia é "simplesmente carregar a água, juntar a lenha, ferver a água e preparar o chá, para oferecê-lo a Buda e compartilhá-lo com os outros".

Embora Rikyu faça isso parecer simples, a cerimônia do chá tem procedimentos elaborados, que são uma representação simbólica do fato de que todo encontro com os outros é único e jamais ocorrerá exatamente da mesma maneira de novo. Devido ao significado espiritual da cerimônia, cuida-se dos mínimos detalhes antes – e durante – a cerimônia do chá.

A cerimônia do chá é realizada num recinto especialmente destinado ao chadô; os assistentes do anfitrião e os convidados – que, de preferência, são quatro, dentre os quais um é escolhido para ser "convidado de honra" – devem se lavar antes de entrar na casa de chá através de uma pequena porta corrediça. Curvar ou agachar-se é inevitável devido à baixa estatura da porta, o que enfatiza a igualdade de todos os participantes. Depois de entrar, um a um, os convidados admiram uma pintura em pergaminho enfeitada com escrituras budistas que o anfitrião decidiu pendurar no canto.

Quando a cerimônia do chá inclui uma refeição – chamada *chaji* – então cada convidado recebe três pratos. Como tudo mais na cerimônia do chá, até os pratos são simbólicos; um é composto de frutos do mar, para representar a generosidade do oceano, e outro é preparado com ingredientes que representam a fartura da terra.

A água é usada para fazer o chá representar o yin; o fogo que a aquece, o yang. A água fresca que abastece um jarro é tocada somente pelo anfitrião, já que ela representa a pureza. Um pano de seda simboliza o espírito do anfitrião, e é utilizado para purificar o recipiente do chá.

Os gestos do anfitrião ilustram uma arte meditativa e são profundamente importantes; eles incluem a inspeção, o manejo, o exame e a limpeza atentos e minuciosos dos utensílios para o chá, cada qual devendo ser uma valiosa e cara peça de arte. Mas os convidados também têm regras a seguir, tal como contemplar a tigela, virá-la e secar a borda.

Durante a cerimônia do chá, todos os elementos da arte japonesa entram em cena, desde a arquitetura ao arranjo de flores, da cerâmica à caligrafia. Especula-se que a cerimônia do chá não só afetou essas disciplinas, mas que ela foi inclusive uma influência essencial para as boas maneiras do povo japonês.

Praticar a cerimônia do chá se limita apenas àqueles que são japoneses? O Irmão Joseph Keenan, um entusiasta ocidental do chá, acha que não: "Os cristãos falam de experimentar Cristo na mesa de jantar; ele também pode ser experimentado durante o chá", escreve ele. "Os judeus falam em viver de acordo com o pacto com Deus ao observar a sua lei. O chá pode ser muito kosher. E os muçulmanos podem aceitar a vontade de Alá enquanto partilham a comida e o chá. O chá serve para todas as nações, todas as culturas, e todas as tradições religiosas [...].

"Conforme o espírito do chá permear mais e mais ações da sua vida diária, você talvez se flagre abrindo o armário de louças com mais consciência desse gesto à mão, e de um jeito que busca beleza no movimento. Com essa atitude você é capaz de compreender que acabou de abrir as portas do reino do paraíso".

Sugestões para iniciar a exploração

- Você já conduziu alguma cerimônia que envolva outras pessoas e que você poderia realizar de maneira mais atenta? Por exemplo, se você organiza uma reunião social regular na sua casa, procure meios para conseguir acrescentar conscientemente elementos que enriqueceriam o seu significado para você e os demais.

- Explore como você pode acrescentar mais beleza aos rituais e rotinas diárias. Observe como ser mais atencioso em relação aos próprios gestos transforma a experiência que você tem deles – e veja se a sua experiência da vida também se transforma.

MISSA TECNOCÓSMICA

Onde a Rave e o Sacramento se Encontram

Onde a rave e o sacramento se encontram,
e a união é o sacerdote.

— Programa de uma missa tecnocósmica

Depois de atravessar a porta da rua no centro de Oakland, Califórnia, você aguarda um tempinho num corredor estreito e mal iluminado, todo pintado de vermelho sangue. Quando chega a hora do culto, você sobe alguns degraus e adentra uma área espaçosa e aberta – um antigo salão de dança – capaz de abrigar até 1.000 pessoas. Quando você olha em volta, percebe um estímulo sensório em cada direção: slides de imagens variadas numa fileira colorida em todas as quatro paredes; quatro altares diferentes, um para cada direção; um palco onde vocalistas e músicos se apresentam; uma tela branca atrás da qual os dançarinos projetam as próprias sombras. Bem-vindo ao início da Missa Tecnocósmica.

De todas as práticas de oração exploradas, a Missa Tecnocósmica é uma das mais recentes; ela é um coquetel orgânico espiritual, cujos ingredientes, no princípio, consistiam de juventude, tecnologia, dança e insatisfação com as formas tradicionais de culto. Curiosamente, mas talvez não de maneira surpreendente, as suas origens residem nas verdejantes terras ancestrais de Sheffield, Inglaterra.

No início dos anos 1980, um grupo de jovens anglicanos progressistas sentiu necessidade de criar um ambiente que fosse espaçoso o bastante para o seu amor pela fé – e o amor pela música e pela dança de inspiração tecno. Eles formaram um grupo chamado Nine O'Clock Service (NOS), sediado na St. Thomas Crookes Church, em Sheffield. No final dos anos 1980, o NOS introduziu as Missas Planetárias, realizadas – como o nome do grupo indica – todos os domingos às 9 da noite. Essa nova forma de culto, a forma embrionária do que se transformaria na Missa Tecnocósmica, logo se tornou muito concorrida.

A obra do escritor americano Matthew Fox, que se tornou sacerdote da igreja episcopal depois de ser expulso da Igreja Católica pelas suas opiniões anticonvencionais, chegou aos membros do grupo de Sheffield que, por volta de 1992, foi cativado pela teologia de Fox. Este interesse no trabalho de Fox influenciaria a evolução da sua singular cerimônia de culto.

Em 1994, Fox levou a Missa Planetária – apelidada de Missa Rave por alguns, em alusão às semelhanças com as extáticas danças rave que ficavam cada vez mais populares –

para os Estados Unidos. No final de semana do Halloween, a Missa Planetária estreou na Catedral da Graça de São Francisco; diz-se que os participantes exclusivamente convidados, que chegaram a 300, incluíam Jerry Garcia do Grateful Dead. Entre eles havia 35 pessoas de Sheffield, que viajaram para a América para ajudar a produzir o evento. Naquela noite, na Missa Planetária, consta que Fox declarou: "Quando uma cultura perde a espiritualidade, só os jovens são capazes de recuperá-la."

Com o tempo, a Missa Planetária evoluiu para a Missa Tecnocósmica (TCM). Segundo os informativos da TCM, o *tecno* se refere ao "sagrado uso da tecnologia em nosso culto"; o *cósmico* se refere à cosmologia, "a comunhão sagrada de toda a criação", e a *missa* é definida como "uma forma ancestral de culto". Trata-se de uma combinação única e animada de dança ritual, teatro e música ao vivo, que incorpora recitação, elementos do xamanismo e imagens multimídia ubíquas.

Fox também é o fundador da University of Creation Spirituality que, de acordo com o seu material informativo, "busca integrar a sabedoria da espiritualidade ocidental e das culturas indígenas globais com a atual compreensão científica do universo e a criatividade passional da arte [que] se interessa por renovar as teologias e práticas na religião e na cultura que promovem a integração pessoal, a sobrevivência planetária e a independência universal". Conceito que Fox desenvolveu em forma de programa e explorou em livros como *Original Blessing*, os Quatro Caminhos são uma parte fundamental da Missa Tecnocósmica. Esses quatro "caminhos", que dividem a TCM em seções distintas, começa com a Via Positiva, na qual os participantes se reúnem, testemunham a invocação, e dançam em louvor. Ele é sucedido pela Via Negativa, um período de reflexão, de lamento pela comunidade e quietude. Depois se segue a Via Criativa, na qual os participantes partilham a paz e comungam a Eucaristia; concluindo com a Via Transformativa, a dança extática final antes de retornar para o mundo.

Como as filosofias por trás da TCM podem mudar de acordo com a experiência e compreensão de cada participante, talvez seja útil observar como os próprios promotores do evento a descrevem. Para eles, trata-se de uma celebração do Cristo Cósmico – "o padrão de amor e justiça Divinos existente em toda a criação" – assim como "uma experiência microcósmica da história macrocósmica". Além disso, a ênfase no movimento "coloca o corpo de volta no culto; a dança trance é a principal forma de oração". Assim, a energia é ativada, pois a "TCM foi designada para envolver todos os sete chakras do corpo físico/espiritual".

Todas as experiências de culto são únicas, pois se celebra um tema diferente durante cada TCM – os tópicos já incluíram a tradição celta, o corpo sagrado e a bondade para com os animais. As constantes são a organização em torno dos Quatro Caminhos e a forma circular da missa – os participantes se deslocam ao redor da plataforma central, conscientemente ali dispostos para representar o "coração, o útero, o recôndito universal de tudo que nasce".

Devido à sua energia, a sua ênfase na participação comunal, a atenção à beleza, e a homenagem a todos os caminhos de fé – sem mencionar o convite para dançar, rir, prantear e orar, capaz de despertar os chakras – para muitos, a Missa Tecnocósmica é um veículo para a transformação. Isso parece ser coerente, já que em si ela é um símbolo de transformação, uma renovação radical de uma tradição que existe há séculos.

Sugestão para iniciar a exploração

- Se você precisasse criar uma cerimônia espiritual que honrasse as suas crenças – e o energizasse para viver de acordo com elas – que música você ouviria? Que danças você executaria? Que leituras você incluiria; que imagens gostaria de contemplar? A sua cerimônia seria de ritmo acelerado, lento ou uma combinação dos dois? Tome nota dos elementos que lhe vêm à mente nessa reflexão, e comece a incorporá-los na sua vida de oração.

MAPAS DO TESOURO

Ilustrações da Autobiografia da Alma

Essa é uma ferramenta meditativa de percepção, assim como uma diversão, o que significa que você quer empenhar toda a sua concentração em cada colagem. Lembre-se que essas são as ilustrações da autobiografia da sua alma. Esse é o primeiro esboço da sua magnum opus... descobrir quem somos e por que estamos aqui nesse ponto na eternidade.

— SARAH BAN BREATHNACH

"Os antigos peruanos costumavam desenhar os seus objetivos com símbolos e pintá-los em cores primitivas nas paredes das cavernas", escrevem Diane e Julia Loomans no livro *Full Esteem Ahead: 100 Ways to Teach Values and Build Self-Esteem for All Ages*. "Os egípcios costumavam criar rituais elaborados para passar do estado de desejo à realização. Eles acreditavam que escrever um sonho de antemão garantiria um desfecho positivo."

Os costumes desses povos da antiguidade foram precursores de uma prática de oração contemporânea conhecida por uma variedade de nomes, incluindo mapa do tesouro, quadro da prosperidade e livros de imagem. Alguns sugerem a sua relação com a mandala, já que os mapas do tesouro incorporam imagens sobre as quais meditar. A diferença – e uma das grandes – é que os mapas do tesouro geralmente ilustram o que se quer manifestado na vida exterior, não o que simboliza a vida interior. Como outras práticas de oração, mapear o tesouro pode ser secularizado, e muitas pessoas o usam simplesmente como uma ferramenta para estabelecer metas. Contudo, num contexto espiritual, os mapas do tesouro se tornam orações visuais, evocando os mais altos ideais e aspirações de alguém – uma corruptela moderna dos símbolos coloridos que os antigos peruanos pintavam nas paredes da caverna.

Como Lucia Cappachione escreve em seu livro ilustrado sobre os mapas do tesouro, *Visioning: Ten Steps to Designing the Life of Your Dreams*:

> Sabemos a partir do trabalho de C. G. Jung, Joseph Campbell e inúmeros outros, que a mente, os sentimentos, as intuições, desejos e sonhos inconscientes falam mais sinceramente na linguagem das imagens e dos símbolos [...]. Os desenhistas sabem que para se deslocar do reino da imaginação para o mundo material, uma ideia primeiro deve ser explorada de forma tangível: um pequeno esboço, diagrama, maquete ou projeto [...]. Observá-los [mapas do tesouro] repetidamente depois que eles estão prontos grava a imagem no cérebro e na memória.

Considerando o importante "por quê" – porque eles possuem uma vida energética própria, e podem auxiliar indivíduos a enxergar possibilidades mais amplas para as suas vidas – existe uma série de maneiras para lidar com o "como". Um mapa do tesouro é simplesmente uma colagem, uma coleção de figuras que você seleciona para colar sobre um fundo e obter inspiração. Os componentes são simples: cartolina ou papel, tesoura, cola, palavras e imagens recortados de revistas. Você também pode usar marcadores de texto, giz de cera, tinta ou lápis de cor para escrever afirmações ou orações no seu mapa do tesouro.

Aquilo que colocar no mapa do tesouro deve ter um significado profundo para você; incorpore as cores e figuras que particularmente lhe agradam. Se quiser, você pode copiar fotos suas – ou usar os próprios retratos – para acentuar a sensação de que essa imagem lhe pertence. Tente não censurar a si mesmo; não é hora de se obrigar a ser "mais realista". Você está criando a sua visão do futuro, portanto, sonhe alto.

Você pode fazer mapas do tesouro sobre temas gerais – um representando o número de elementos na sua vida, incluindo a carreira ideal, metas de relacionamento, e patamares desejáveis de saúde e forma física – ou pode torná-los específicos. As possibilidades nessa categoria poderiam incluir fazer um mapa do tesouro para um projeto no qual você anda trabalhando, tal como escrever um livro; um objetivo que você pretende realizar, tal como correr uma maratona; ou um desafio pessoal que deseja superar, tal como perder vinte quilos.

Outros recomendam fazer os mapas do tesouro em formato de livro. A autora Sarah Ban Breathnach criou um livro encadernado chamado *The Ilustrated Discovery Journal*, com seções que incluem "Estilo Autêntico", "Retorno ao Eu", "Ligações Sagradas" e "Algum Dia". Se você preferir criar a sua própria encadernação, os editores do *Master Mind Journal* recomendam criar um "Livro de Imagem", no qual você faz um mapa do tesouro individual para, no mínimo, oito aspectos da vida: físico, mental, relacionamentos, viagem, carreira, prosperidade, autoestima e crescimento espiritual.

Cappachione, porém, supõe que é melhor se ater a uma única esfera de foco, e então progredir para a seguinte. Numa entrevista para o *borders.com*, ela afirmou: "Sugiro que todos apenas se atenham a um desejo por vez, e logo que esse desejo começar a se manifestar, então é possível começar a fazer uma colagem para um outro. Quando se tem panelas demais no fogo, acho que fica muito confuso para a psique."

Independentemente do que você desejar fazer, é útil elaborar algum tipo de caixa para trabalhar com os seus mapas do tesouro. Para certas pessoas, trata-se de um ritual anual ou quase anual, e elas aguardam ansiosamente para fazê-lo no dia de Ano Novo ou no próprio aniversário. Para outros, trata-se de uma prática contínua, e os mapas do tesouro são criados quando os indivíduos se sentem chamados a fazê-los.

As pessoas que seguem essa prática espiritual recomendam passar um tempo regular com o mapa do tesouro – para meditar sobre as suas palavras e imagens durante pelo menos dez minutos de manhã e à noite. Ele deve ser guardado num lugar bem à vista, para que as imagens permaneçam acessíveis durante o dia inteiro. Se você tem um altar pessoal, esse é o lugar ideal para o mapa do tesouro; você pode incluí-lo no seu período de oração e meditação.

Você ainda pode fazer mapas do tesouro voltados para as suas aspirações espirituais – uma característica que você gostaria de personificar, tal como compaixão ou paciência – e selecionar as figuras que o ajudarão: imagens de Kuan Yin, Jesus e anjos. Recite orações enquanto as admira, depois afirme que as suas orações serão atendidas, concluindo com uma oração de agradecimento. Existe algo quanto a contemplar a representação visual do que esperamos que aconteça – e realmente mergulhar nessa visão, sentir realmente como seria obter essa visão – que afeta a nossa vida de um jeito poderoso e tangível.

Sugestões para iniciar a exploração

- Comece a pensar sobre orações para a sua vida. Você quer encontrar a sua alma gêmea? Encontrar um trabalho que contribua para os outros? Ter um filho? Comece a colecionar palavras e imagens que falam desse desejo, e crie um mapa do tesouro.

- Coloque o mapa do tesouro no seu altar, guarde-o no diário de oração, ou segure-o durante o momento de oração. Observe como o mapa do tesouro transforma a sua vida de oração.

BUSCA DE VISÕES

Descobrindo Línguas em Árvores, Sermões em Pedras

> *E essa nossa vida,*
> *liberta das perseguições públicas,*
> *descobre línguas em árvores,*
> *livros nos riachos impetuosos,*
> *sermões nas pedras*
> *e o bem em todas as coisas.*
>
> — WILLIAM SHAKESPEARE

Embora os líderes espirituais de quase todas as principais tradições religiosas tenham modelado a experiência de uma busca de visões – incluindo Jesus e Moisés, que passaram, cada um, quarenta dias em isolamento para jejuar e orar, assim como Buda e Maomé – o termo "busca de visões" é associado aos índios americanos e foi cunhado pelos antropólogos do século XIX que estudaram as suas cerimônias. O conceito de uma busca de visões não tem apenas raízes espirituais, mas também psicológicas; ela é a encenação do regresso do herói, um ritual arquetípico que convoca os praticantes a enfrentar a escuridão literal e metafórica, a sós, para descobrir a luz interior. Uma busca de visões nos habilita a "morrer" para a velha personalidade e a renascer na nova.

Hoje, uma nova onda de interesse nas buscas de visões mobiliza pessoas que não pertencem à cultura indígena americana, mas é crucial que reservemos um grande respeito aos seus rituais particulares. Nós usamos a mesma frase para uma prática de oração que talvez possua componentes semelhantes, mas precisamos reconhecer as importantes diferenças cerimoniais. Para os índios americanos, a busca de visões, ou *hanblecheyapi* – que se traduz como "clamar por uma visão" – é um meio de solicitar a orientação divina ou obter um espírito guardião. Fazer isso na natureza é parte fundamental da prática; escreve Ed McGaa, o Homem Águia: "Por que não passar pelo menos um dia e uma noite de oração e comunhão séria, ininterrupta, com as forças do universo no maior templo de todos – na natureza criada por Deus sob a vastidão dos céus de Deus. Nenhuma igreja ou prédio pode oferecer tal panorama da magnitude do Grande Mistério." Isso é realizado pela primeira vez quando um adolescente atinge a puberdade; entretanto, em algumas tribos, as meninas também se submetem a um período de isolamento na época em que começam a menstruar. Ao longo da busca, o espírito guardião – em geral sob forma animal – é revelado durante a visão, visita ou sonho. Identificar-se e cultivar os poderes desse animal proporciona um senso de propósito e força pessoais ao indivíduo.

Mais tarde, as buscas de visões são praticadas durante épocas de transição com a intenção de aperfeiçoar a si mesmo ou a saúde, ou para servir a própria comunidade ao reapresentar uma visão para um determinado problema. Devido à sacralidade desse ritual, os praticantes se purificam numa sauna sagrada antes de uma busca de visões; logo que a pessoa inicia a busca, ele ou ela geralmente jejua e ora. Todos esses elementos da busca de visões intensificam a experiência individual, pois eles eliminam quaisquer distrações inconvenientes e aguçam a percepção. Como é comum numa jornada espiritual e psicológica, a busca é realizada em etapas: a primeira é a ruptura, quando se abandona o velho jeito de ser; a segunda é o princípio, na qual se experimenta a transformação; e a terceira é a incorporação, na qual se leva a visão de volta para o mundo, no intuito de melhorá-lo.

Como mostra a história seguinte, a experiência da busca de visões não se limita ao tempo que alguém passa sozinho na natureza; ela começa a influenciar a pessoa no momento que a precede, e as suas reverberações afetam o buscador ou buscadora muito mais tarde depois de deixar aquele tempo e lugar sagrados. Para Molly Starr, escritora e diretora de marketing de uma empresa internacional de consultoria virtual, empreender uma busca de visões – uma experiência obrigatória no curso de um ano que Molly assistia – mudou a sua vida. "Eu tinha acabado de completar 60 anos quando tive a minha primeira busca de visões", ri-se ela. "Eu era virgem! Senti um grande entusiasmo a respeito, porque os meus momentos mais criativos surgem quando fico isolada. Também me senti apavorada, porque eu ficaria sozinha por um longo período de tempo.

"Uma semana antes de empreendermos a busca de visões, eu abri o jornal, e lá estava uma reportagem sobre a onda de calor que experimentávamos – que fez as cascavéis saírem das tocas, e que um homem foi picado gravemente. De repente, eu sentia medo de cobras e, contudo, sabia que elas eram um disfarce para o que realmente se passava dentro de mim – o medo de uma nova experiência. Eu já havia acampado bastante, mas nunca sozinha. Conforme a data se aproximava, eu me sentia no Getsêmani – eu queria fazer aquilo, mas estava com medo, e não tinha a menor ideia de qual seria o desfecho. Definitivamente parecia uma jornada espiritual.

"No final do primeiro dia da busca, encontrei um lugar na montanha, montei a barraca e prendi a corda em volta dela – o professor nos instruiu a levar quinze metros de corda grossa para cercar a barraca, já que as cobras não gostam da sensação de aspereza na barriga. Só por garantia, eu levei dois metros e meio de corda, para colocar duas camadas ao meu redor. Depois, entrei na barraca e adormeci. E dormi pelo resto do dia e a noite inteira. E me senti protegida pela terra, perfeitamente segura.

"Quando acordei na manhã do segundo dia, escutei uma movimentação do lado de fora da barraca – e era uma perua selvagem seguida por uma dúzia de filhotinhos. E os lagartos saltavam, e os pássaros ciscavam, e tudo corria à sua maneira. E eu fiquei extática. E o êxtase se devia à vida que eu vislumbrei – tudo era bonito demais: os lagartinhos esquisitos e frenéticos, a perua selvagem – e compreendi que eu estava no momento, eu estava inteiramente no momento. E passei o resto do dia naquele momento – foi um dia de oração e meditação na floresta.

"Naquela noite, eu fui dormir, e mais uma vez me senti embalada, como se a mão de Deus me amparasse – como um animalzinho, a salvo na sua toca. Eu acordei à 1:25 da manhã – eu olhei o relógio. Tive um sonho de cura de grande impacto, o que foi uma surpresa para mim, porque eu não esperava. E no sonho eu conseguia enxergar a minha própria doença, a minha própria instabilidade, e o prejuízo à minha alma. E no sonho eu fui capaz de reconhecer e perdoar isso. Foi absolutamente espantoso – eu sabia que era importante. E na manhã seguinte atingi a plena aceitação de quem eu era, e com essa aceitação a culpa desapareceu: todos estavam perdoados, incluindo eu mesma. Eu me libertei, e simplesmente entreguei aquilo a Deus. Eu acho que esse foi o ápice da minha vida espiritual.

"Durante uma busca de visões você passa o tempo inteiro em um estado de oração; a experiência inteira é uma prática de oração. Os sons se aguçaram, as cores ficaram mais vivas, o ar era mais limpo – e eu experimentei uma extraordinária sensação de bem-estar e comunhão com tudo. Hoje, isso ainda me ajuda – eu me transporto de volta para lá; relembro a experiência no meu período diário de oração.

"E tive uma epifania com as cobras! Na última manhã, quando me levantei, eu me flagrei pensando de maneira muito positiva sobre as cobras, e ansiosa para ver uma. Eu estava plena de uma intuição de que as cobras eram minhas aliadas; que foi por intermédio da minha habilidade para administrar o medo das cobras que tive aquela experiência. Elas dominaram o medo por mim; e como não vi nenhuma cobra durante a busca de visões, consegui experimentar aqueles momentos divinos. Entendi que a cobra era a minha melhor amiga, porque isso é algo muito importante para se fazer por outra pessoa.

"Quando desci a montanha, eu me encontrava num estado alterado de consciência – eu estava eufórica. Em poucas semanas, comecei a escrever de novo – depois de um intervalo de oito anos – e comecei a fazer ilustrações de novo. Para mim, a comunhão espiritual me concedeu aquela criatividade."

A experiência de Molly para se ligar novamente com a própria criatividade reflete o que muitas pessoas descobrem depois da busca de visões. Como explica Ed McGaa: "A busca é muito pessoal. Ela fica entre você, os seus pensamentos e as orações para o Grande Espírito [...]. Depois, você, o buscador de visões, estará mais bem preparado para usar os dons especiais que o Grande Espírito lhe concedeu, unindo-se às pessoas interessadas em procurar ajudar esse planeta."

Sugestões para iniciar a exploração

- Primeiro, seja objetivo: Para onde você vai? Quando? Por quanto tempo? Por que vai? Em segundo lugar, seja sincero: Não antecipe ou espere nada – permita que a experiência se desenrole da maneira como deve ser.
- Certifique-se de que terá a companhia de alguém que conhece bem a natureza. O processo da busca de visões é intenso, e você tem uma obrigação consigo mesmo de providenciar um abrigo seguro e guias bem informados, tanto durante quanto depois da busca.
- Trate a área em que está com carinho e atenção constantes. Deixe-a como a encontrou; remova todo o lixo que estava lá antes da sua chegada; e a reverencie com

uma dádiva quando for embora – um pouquinho de tabaco ou milho.

- Leve apenas o necessário; deixe todas as possibilidades de distração em casa. Tire vantagem desse tempo precioso a sós consigo mesmo e com o seu Deus.
- Torne o tempo significativo; observe atentamente os visitantes animais, répteis e insetos, e preste atenção aos comportamentos deles. Permita que a sua mente faça associações simbólicas. Você pode jejuar – cuidando para beber bastante água – ou não; você pode dormir durante o dia, ou não dormir. Esse tempo é seu; faça o que sentir que é chamado a fazer.

ARTES VISUAIS

A Obra do Corpo e da Alma

*Toda grande arte é obra da criatura viva
na sua totalidade, corpo e alma,
e principalmente da alma.*

— JOHN RUSKIN

Albert Einstein escreveu certa vez que "a coisa mais bela que podemos experimentar é o misterioso. Ele é a fonte de toda verdadeira arte e ciência" – e, quem sabe ele acrescentasse, que ela é a fonte da verdadeira fé. Considerando essa ligação entre a fé e a arte, a prática de dar corpo a alguma coisa numa forma tangível que nunca existiu antes é uma oração, uma comunhão com Deus da mais alta magnitude. Ao criar, nós vislumbramos a centelha do Criador em nós mesmos; ou, como a teóloga feminista Mary Daly escreveu:

"A imagem de Deus é o próprio potencial criativo dos seres humanos."

As pessoas usam a arte ao longo do tempo para reverenciar o sagrado: desde os "Ojos de Dios" (Olhos de Deus) tecidos pelos antigos egípcios e ainda feitos hoje como um símbolo de que Deus olha por nós, até os elaborados ícones incrustados com pedras preciosas e as *tankhas* budistas pintadas em seda, que representam divindades tão atraentes quanto assustadoras. Cada uma dessas imagens inspira os observadores; cada uma nos pede para pensar em erguer o véu, para vislumbrar o chamado espiritual que ele esconde.

No Islã, todas as coisas belas refletem o Divino, e portanto toda arte é espiritual. Mas como o Criador é considerado o único capaz de criar, a decoração islâmica se limita a arabescos – desenhar animais ou humanos é proibido pelo Alcorão. Contudo, até o grande poeta sufi Rumi sustentou que:

> Dentro de vós existe um artista que
> não conheceis... Dizei sim
> depressa, se o conheceis, se
> o conheceis desde antes do
> início do universo.

No livro *The Courage to Create* de Rollo May, o autor explora a habilidade que o artista tem para perder a noção do tempo e até de espaço, para ficar tão perdido no momento presente que ele ou ela de fato penetra uma nova dimensão da experiência. Além disso, durante o ato criativo, o artista sintoniza em algo mais profundo, como um riacho vivo sob o gelo: "O que os verdadeiros pintores fazem é revelar as condições psicológicas e espirituais implícitas do seu relacionamento com o mundo; assim, nas obras de um grande pintor vemos um reflexo da condição emocional e espiritual dos seres humanos daquele período histórico." Isso é ainda mais substancial quando a intenção consciente do artista é evocar uma percepção do sagrado para os outros – o que o pintor e escritor contemporâneo Alex Grey explora em seus livros como a intenção mais elevada do artista. Ele inclusive compôs uma "Artist's Prayer" (oração do artista), cuja última estrofe pede que o trabalho seja inspirado pelo espírito, para "alimentar as almas famintas".

Alimentar as almas famintas torna a arte transformativa, embora o que exatamente venha a causar isso sempre tenha sido assunto para discussão. Um artista que tentou fazê-lo foi Wassily Kandinsky, que, no seu *Concerning the Spiritual in Art*, escreveu: "Pintar é uma arte [...], um poder que deve ser canalizado para o aperfeiçoamento e refinamento da alma humana [...]. Se a arte se privar de cumprir essa tarefa, um abismo permanece insuperável, pois nenhum outro poder é capaz de tomar o lugar da arte nessa missão. E nas vezes em que a alma humana ganha uma força maior, a arte também cresce em poder, pois as duas são inextrincavelmente ligadas e complementares entre si."

O processo criativo – e todos nós somos artistas de uma forma ou de outra – nos leva a entrar em um estado alterado, num bolsão de existência sem tempo, sem espaço, onde o único foco se concentra no objeto a ser criado. O artista imprime a própria energia na criação; a criação ganha vida de maneiras que o artista não conseguiu prever; essa energia combinada entre o criador e a criação afeta a energia do observador num ciclo de experiência. Como diz o adágio espiritual, quando o oleiro faz o pote, o que está sendo moldado é o oleiro.

A arte-terapeuta e autora Lucia Cappachione escreve em *The Soul of Creativity*:

> Como a fonte de toda a criação, você é um criador, também. É o seu direito de nascença divino. A pessoa que diz "eu não sou criativo" está proferindo uma blasfêmia. A verdade é que você é o Eu Criativo que se expressa por meio do instrumento humano do corpo, das emoções, da mente e da alma [...].
>
> Ao abraçar a criatividade como prática espiritual, nós nos entregamos nas mãos do Criador, cientes de que a nossa meta é desaparecer. E quando o conseguimos, nos tornamos um só com toda a criação.

Sugestões para iniciar a exploração

- Mesmo que você não se considere um artista, comece a incluir materiais de arte no seu período de oração. Em vez de rezar com palavras, reze com desenhos. Que cores atraem você, que formas e intensidades? Tente manter um diário ou caderno que contenha essas orações visuais.
- Preste atenção às representações visuais do Sagrado que o comovem. Por quê – como você reage a elas? Explorar essas razões pintará um quadro simbólico de como você percebe o Divino.

AGRADECIMENTOS

Minha gratidão a todos na Conari Press, especialmente à Leslie Berriman, uma editora realmente atenciosa e sensível, e à Brenda Knight, pela sua vibração e entusiasmo. Muito obrigada também a Alan Jones, pela maravilhosa contribuição no prefácio.

Eu sou abençoada com um incrível círculo de familiares, amigos e colegas, e sou muito grata a todos eles pela inspiração e apoio. Agradecimentos especiais ao meu marido, Scott, a quem este livro é dedicado e sem o qual talvez ele jamais fosse escrito; à minha mãe, Jane Oman, Laurie Bish Evans, Susan Ariel Rainbow Kennedy, Faith Meenan e à radiante Molly Starr.

Foi uma honra e um privilégio entrevistar as seguintes pessoas, que nos ofereceram toda a dádiva de compartilhar as intimidades das suas vidas de oração: Lynn Baskfield, Ilene

Cummings, Joan Currey, John deValcourt, Holly Downes, Louise Dunn, Ann Keeler Evans, Peg Grady, Gail C. Jones, Athena Katsaros, Kathy Kidd, Caterina Rando, Celeste Smeland, Molly Starr, Eleanor Wiley e Bruce Zuckerman. A minha mais profunda gratidão a todos eles.

Sobretudo, sou grata a Deus pelas muitas dádivas na minha vida, incluindo a oportunidade de celebrar o Espírito por meio deste livro. A minha oração é que todos os que contribuíram com ele, direta ou indiretamente, e todos aqueles que o lerem, sejam profundamente abençoados.

LEITURA ADICIONAL

AFIRMAÇÕES

Bloch, Douglas. *Words That Heal: Affirmations and Meditations for Daily Living.* Nova York: Bantam Books, 1990.

Harman, Willis e Howard Rheingold. *Higher Creativity: Liberating the Unconcious for Breakthrough Insights.* Nova York: Jeremy P. Tarcher/Perigee Books, 1984.

Hay, Louise. *Heal Your Body.* Carlsbad, CA: Hay House, 1997.

Yoganananda, Paramhansa. *Scientific Healing Affirmations.* Los Angeles: Self--Realization Fellowship, 2000.

ALTARES

Linn, Denise. *Altars: Bringing Sacred Shrines into Your Everyday Life.* Nova York: Ballantine Wellspring, 1999.

McMann, Jean. *Altars and Icons: Sacred Spaces in Everyday Life.* San Francisco: Chronicle Books, 1998.

Searl, Edward. *A Place of Your Own.* Nova York: Berkley Books, 1998.

Streep, Peg. *Altars Made Easy: A Complete Guide to Creating Your Own Sacred Space.* Nova York: HarperSanFrancisco, 1997.

AMULETOS

Kunz, George Frederick. *The Magic of Jewels and Charms*. Mineola, NY: Dover Publications, 1997.

ANJOS

Burnham, Sophy. *A Book of Angels*. Nova York: Ballantine Books, 1990.

Godwin, Malcolm. *Angels: An Endangered Species*. Nova York: Simon & Schuster, 1990.

ARTES VISUAIS

Boulet, Susan Seddon. *Shaman*. San Francisco: Pomegranate Artbooks, 1989.

Crockett, Tom. *The Artist Inside: A Spiritual Guide to Cultivating Your Creative Self*. Nova York: Broadway Books, 2000.

Fischer, Kathleen R. *The Inner Rainbow: The Imagination in Christian Life*. Nova York: Paulist Press, 1983.

Kandinsky, Wassily. *Concerning the Spiritual in Art*. Nova York: Dover Publications, 1977.

Myers, Tona Pearce (org.). *The Soul of Creativity: Insights into the Creative Process*. Novato, CA: New World Library, 1999.

SARK. *A Creative Companion*. Berkeley, CA: Celestial Arts, 1991.

BANDEIRAS DE ORAÇÃO

Para mais informações sobre como fazer a conversão do calendário, ver: *http://www.snowlionpub.com/pages/prayerflags.html*.

Para mais informações sobre as bandeiras de oração para mulheres com câncer de mama ver: *www.breastcancerprayerflags.org*.

BUSCA DE VISÕES

Cruden, Loren. *Spirit of Place: A Workbook for Sacred Alignment*. Rochester, VT: Destiny Books, 1995.

McLuhan, T.C. *Cathedrals of the Spirit: The Message of Sacred Places*. Toronto: HarperCollins, 1996.

CÂNTICOS

Gass, Robert com Brehony, Kathleen. *Chanting: Discovering Spirit in Sound.* Nova York: Broadway Books, 1999.

Prayer: A Multi-Cultural Journey of Spirit (CD da Soundings of the Planet, 1-800-93-PEACE)

CERIMÔNIA DO CHÁ

Lee, Anthony Man-Tu. *The Japanese Tea Ceremony.* Boston: Element Books, 1999.

CONTAR HISTÓRIAS

Estés, Clarissa Pinkola. *The Gift of the Story.* Nova York: Ballantine Books, 1993.

Gilmour, Peter. *The Wisdom of Memoir: Reading and Writing Life's Sacred Texts.* Winona, MN: Saint Mary's Press, 1997.

Kurtz, Ernest e Ketcham, Katherine. *The Spirituality of Imperfection: Storytelling and the Journey to Wholeness.* Nova York: Bantam Books, 1994.

Maguire, Jack. *The Power of Personal Storytelling: Spinning Tales to Connect with Others.* Nova York: Jeremy P. Tarcher/Putnam, 1998.

McKenna, Megan e Cowan, Tony. *Keepers of the Story.* Maryknoll, NY: Orbis Books, 1997.

CONTAS DE ORAÇÃO

Pennington, M. Basil. *Praying by Hand.* Nova York: HarperSanFrancisco, 1991.

Tomalin, Stefany. *The Bead Jewelry Book.* Chicago: Contemporary Books, 1998.

DIÁRIOS DE GRATIDÃO E DE ORAÇÃO

Ban Breathnach, Sarah. *Simple Abundance: A Daybook of Comfort and Joy.* Nova York: Warner Books, 1995.

Beattie, Melody. *Gratitude: Affirming the Good Things in Life.* Center City, MN: Hazelden, 1992.

Klug, Ronald. *How to Keep a Spiritual Journal.* Nashville, TN: Thomas Nelson Publishers, 1982.

Steindl-Rast, David. *Gratefulness, The Heart of Prayer.* Nova York: Paulist Press, 1984.

ESCRITURAS SAGRADAS

Andersen, Frank. *Imagine Jesus...* Ligouri, MO: Ligouri Publications, 1996.

Novak, Philip. *The World's Wisdom: Sacred Texts of the World's Religions.* Edison, NJ: Castle Books, 1996.

EXAME DE CONSCIÊNCIA

Champlin, Joseph M. "Look into Your Heart: An Examination of Conscience". Liguori, MO: Liguori Publications, 1998.

Twelve Steps and Twelve Traditions. Nova York: Alcoholics Anonymous World Services, Inc., 1996.

FESTAS

Kesten, Deborah. *Feeding the Body, Nourishing the Soul.* Berkeley, CA: Conari Press, 1997.

GRUPOS DE APOIO

Master Mind Journal. Publicação anual da Master Mind Publishing Company, 1-800-256-1984.

GUIAS

Andrews, Ted. *Animal-Speak.* St. Paul, MN: Llewellyn Publications, 1995.

_____. *How to Meet and Work with Spirit Guides.* St. Paul, MN: Llewellyn Publications, 1997.

Bennett, Hal Zina. *Zuni Fetishes.* Nova York: HarperSanFrancisco, 1993.

McElroy, Susan Chernak. *Animals as Teachers and Healers.* Troutdale, OR: NewSage Press, 1996.

Saunders, Nicholas J. *Animal Spirits.* Boston: Little, Brown and Company, 1995.

Steiger, Brad. *Totems: The Transformative Power of Your Personal Animal Totem.* Nova York: HarperSanFrancisco, 1997.

HAIKAI

Van den Heuvel, Cor. *The Haiku Anthology*. Nova York: Fireside/Simon & Schuster, 1986.

IKEBANA

Davey, H.E. e Kameoka, Ann. *The Japanese Way of the Flower: Ikebana as Moving Meditation*. Berkeley, CA: Stone Bridge Press, 2000.

LABIRINTOS E CAMINHADAS DE ORAÇÃO

Kortge, Carolyn Scott. *The Spirited Walker*. Nova York: HarperSanFrancisco, 1998. [*A Caminhada para o Condicionamento Físico e Espiritual*, publicado pela Editora Cultrix, São Paulo, 2003.]

Mundy, Linus. *The Complete Guide to Prayer-Walking*. Nova York: The Crossroad Publishing Company, 1996.

MANDALAS

Cornell, Judith. *Mandala: Luminous Symbols for Healing*. Wheaton, IL: Quest Books, 1994.

Fincher, Suzanne F. *Creating Mandalas: For Insight, Healing and Self-Expression*. Boston: Shambhala, 1991.

MAPAS DO TESOURO

Ban, Breathnach, Sarah. *The Illustrated Discovery Journal: Creating a Visual Autobiography of Your Authentic Self*. Nova York: WarnerBooks, 1999.

Cappacchione, Lucia. *Visioning: Ten Steps to Designing the Life of Your Dreams*. Nova York: Jeremy P. Tarcher/Putnam, 2000.

MEDITAÇÃO E PRÁTICAS DE RESPIRAÇÃO

Easwaran, Eknath. *Meditation*. Tomales, CA: Nilgiri Press, 1991.

Goldsmith, Joel S. *The Art of Meditation*. Nova York: Harper & Row, 1990.

Osho. *The Everyday Meditator*. Boston: Charles E. Tuttle Co. Inc., 1993.

Ozaniec, Naomi. *Basic Meditation*. Nova York: Dorling Kindersley, 1997.

MEDITAÇÕES NUTRITIVAS

Altman, Donald. *Art of the Inner Meal: Eating as a Spiritual Path.* Nova York: HarperSanFrancisco, 1999.

David, Marc. *Nourishing Wisdom: A Mind-Body Approach to Nutrition and Well-Being.* Nova York: Bell Tower, 1991.

Harper, Linda R. *The Tao of Eating: Feeding Your Soul through Everyday Experiences with Food.* Filadélfia, PA: Innisfree Press, 1998.

Kabat-Zinn, Jon. *Full Catastrophe Living.* Nova York: Dell Publishing, 1990.

Kabatznick, Ronna. *The Zen of Eating: Ancient Answers to Modern Weight Problems.* Nova York: Perigree, 1998.

Nhat Hahn, Thich. *Touching Peace: Practicing the Art of Mindful Living.* Berkeley, CA: Parallax Press, 1992. [*Vivendo em Paz: Como Praticar a Arte de Viver Conscientemente*, publicado pela Editora Pensamento, São Paulo. 1996.]

MILAGROS

Thompson, Helen. *Milagros: A Book of Miracles.* Nova York: HarperSanFrancisco, 1998.

MISSA TECNOCÓSMICA

Fox, Mathew. *Original Blessing.* Santa Fé, NM: Bear & Company, 1983.

MÚSICA INSTRUMENTAL

Redmond, Layne. *When the Drummers Were Women: A Spiritual History of Rhythm.* Nova York: Three Rivers Press, 1997.

ORAÇÃO CENTRANTE

Johnston, William (org.). *The Cloud of Unknowing.* Nova York: Image Books/Doubleday, 1973.

ORAR COM OS OUTROS

Virtue, Doreen, Ph.D. *The Lightworker's Way: Awakening Your Spiritual Power to Know and Heal.* Carlsbad, CA: Hay House, 1997.

ORAR DANÇANDO

Roth, Gabrielle. *Sweat Your Prayers: Movement as Spiritual Practice*. Nova York: Jeremy P. Tarcher/Putnam, 1997.

ORAÇÃO DO CORPO

Moroni, Giancarlo. *My Hands Held Out to You: The Use of Body and Hands in Prayer*. Nova York: Paulist Press, 1992.

Vennard, Jane E. *Praying with Body and Soul*. Mineápolis: Augsburg Fortress Publishers, 1998.

Wuellner, Flora Slosson. *Prayer and Our Bodies*. Nashville, TN: Upper Room, 1987.

ORAÇÕES FORMAIS

Oman, Maggie (org.). *Prayers for Healing*. Berkeley, CA: Conari Press, 1997.

Ryan, M. J. (org.). *A Grateful Heart*. Berkeley, CA: Conari Press, 1994.

RITUAIS

Beck, Renee e Metrick, Sydney Barbara. *The Art of Ritual: A Guide to Creating and Performing Your Own Rituals for Growth and Change*. Berkeley, CA: Celestial Arts, 1990.

Biziou, Barbara. *The Joy of Ritual*. Nova York: Golden Books, 1999.

Paladin, Lynda S. *Ceremonies for Change: Creating Personal Ritual to Heal Life's Hurts*. Walpole, NH: Stillpoint Publishing, 1991.

Pollack, Rachel. *The Power of Ritual*. Nova York: Dell Publishing, 2000.

Walker, Barbara G. *Women's Rituals: A Sourcebook*. Nova York: HarperSanFrancisco, 1990.

SANTOS

Buono, Anthony M. "Praying with the Saints". Liguori, MO: Liguori Publications, 1999.

Cowan, Tom. *The Way of the Saints: Prayers, Practices and Meditations*. Nova York: G. P. Putnam's Sons, 1998.

Ellsberg, Robert. *All Saints*. Nova York: The Crossroad Publishing Company, 1999.

Hallam, Elizabeth. *Saints: Who They Are and How They Help You*. Nova York: Simon & Schuster, 1994.

Hutchinson, Gloria. *Six Ways to Pray from Six Great Saints*. Cincinati, OH: Anthony Messenger Press, 1982.

Schlesinger, Henry. *Everyday Saints: A Guide to Special Prayers*. Nova York: Avon, 1996.

SAUNA SAGRADA

McGaa, Ed, "Homem Águia". *Mother Earth Spirituality: Native American Paths to Healing Ourselves and Our World*. Nova York: HarperSanFrancisco, 1990.

SEXO TÂNTRICO

LaCroix, Nitya. *The Art of Tantric Sex*. Nova York: Dorling Kindersley, 1997.

TAPETES DE ORAÇÃO

Barks, Coleman e Green, Michael. *The Iluminated Prayer*. Nova York: Ballantine Wellspring, 2000.

TEXTO SAGRADO PESSOAL

Barks, Coleman e Green, Michael. *The Iluminated Rumi*. Nova York: Broadway Books, 1997.

Parish, Bobbi L. *Create Your Personal Sacred Text*. Nova York: Broadway Books, 1999.

O workshop de Sandra Kahn pode ser acessado em: www.spiritualityhealth.com/life/course1.html.

TIGELAS DE ORAÇÃO

Rupp, Joyce. *The Cup of Our Life: A Guide for Spiritual Growth*. Notre Dame, IN: Ave Maria Press, 1997.

TRABALHO DE SOMBRA

Ford, Debbie. *The Dark Side of the Light Chasers: Reclaiming Your Power, Creativity, Brilliance, and Dreams.* Nova York: Riverhead Books, 1998.

Zweig, Connie e Wolf, Steve. *Romancing the Shadow: Illuminating the Dark Side of the Soul.* Nova York: Ballantine Books, 1997.

BIBLIOGRAFIA

Aitken, Robert e Steindl-Rast, David. *The Ground We Share: Everyday Practice, Buddhist and Christian*. Ligouri, MO: Triumph Books, 1994.

Angell, Carole S. *Celebrations around the World: A Multicultural Handbook*. Golden, CO: Fulcrum Publishing, 1996.

Arrien, Angeles. *The Four-Fold Way*. Nova York: HarperSanFrancisco, 1993.

Bottorff, J. Douglas. *A Practical Guide to Meditation and Prayer*. Unity Village, MO: Unity Books, 1990.

Bowes, Susan. *Life Magic*. Nova York: Simon & Schuster Editions, 1999.

Bruce-Mitford, Miranda. *The Ilustrated Book of Signs and Symbols*. Nova York: Dorling Kindersley, 1996.

Brussat, Frederic e Brussat, Mary Ann. *Spiritual Literacy: Reading the Sacred in Everyday Life*. Nova York: Scribner, 1996.

Crim, Keith (org.). *The Perennial Dictionary of World Religions*. Nova York: HarperSanFrancisco, 1989.

Davies, Susan Shannon. *15 Ways to Nourish Your Faith*. Nova York: Paulist Press, 1998.

Davis, Avram (org.). *Meditation from the Heart of Judaism*. Woodstock, VT: Jewish Lights Publishing, 1997.

Dossey, Larry; Toms, Michael et al. *The Power of Meditation and Prayer*. Carlsbad, CA: Hay House, 1997.

Editores da Skylight Paths. *The New Millenium Spiritual Journey*. Woodstock, VT: Skylight Paths Publishing, 1999.

Edwards, Tilden. *Living in the Presence: Spiritual Exercises to Open Our Lives to the Awareness of God*. Nova York: HarperSanFrancisco, 1994.

Egeberg, Gary. *The Pocket Guide to Prayer*. Mineápolis, MN: Augsburg Fortress, 1999.

Eliade, Mircea. *From Primitives to Zen: A Thematic Sourcebook of the History of Religions*. San Francisco: Harper & Row, 1977.

Ensley, Eddie. *Prayer That Heals Our Emotions*. San Francisco: Harper & Row, 1988.

Feuerstein, George e Bodian, Stephan. *Living Yoga: A Comprehensive Guide for Daily Life*. Nova York: Jeremy P. Tarcher/Perigree, 1993.

Fontana, David. *The Secret Language of Symbols*. San Francisco: Chronicle Books, 1993.

Freke, Timothy. *Encyclopedia of Spirituality*. Nova York: Godsfield Press, 2000.

_____. *The Wisdom of the Hindu Gurus*. Boston: Godsfield Press, 1998.

_____. *The Wisdom of the Sufi Sages*. Boston: Godsfield Press, 1998.

_____. *The Wisdom of the Tibetan Lamas*. Boston: Godsfield Press, 1998.

_____. *The Wisdom of the Zen Masters*. Boston: Godsfield Press, 1998.

Freke, Timothy e Gandy, Peter. *The Complete Guide to World Mysticism*. Londres: Piatkus, 1997.

George, Mike. *Discover Inner Peace: A Guide to Spiritual Well-Being*. San Francisco: Chronicle Books, 2000.

Goring, Rosemary (org.). *Larousse Dictionary of Beliefs and Religions*. Nova York: Larousse, 1994.

Harner, Michael. *The Way of the Shaman*. Nova York: HarperSanFrancisco, 1990.

Holy Bible: New International Version. Grand Rapids, MI: Zondervan Publishing House, 1984.

Hope, Jane. *The Secret Language of Soul: A Visual Guide to the Spiritual World.* San Francisco: Chronicle Books, 1997.

Huxley, Francis. *The Way of The Sacred.* Londres: Bloomsbury Books, 1989.

Ingpen, Robert e Wilkinson, Philip. *A Celebration of Customs and Rituals of the World.* Nova York: Facts on File, Inc., 1996.

Interreligious Council of San Diego. *Bridging Our Faiths.* Nova York: Paulist Press, 1997.

Jordan, Michael. *Encyclopedia of Gods: Over 2.500 Deities of the World.* Nova York: Facts on File, Inc., 1993.

Jung, Carl G. *Man and His Symbols.* Nova York: Doubleday & Co., 1964.

_____. *Psychology and Religion.* Binghamton, NY: The Vail-Ballou Press, Inc., 1978.

Kelsey, Morton. *Spiritual Living in a Material World: A Practical Guide.* Hyde Park, NY: New City Press, 1998.

King, Francis X. *Mind and Magic.* Nova York: Crescent Books, 1991.

Kornfield, Jack. *A Path with Heart: A Guide through the Perils and Promises of Spiritual Life.* Nova York: Bantam Books, 1993. [*Um Caminho com o Coração*, publicado pela Editora Cultrix, São Paulo, 1995.]

Lash, John. *The Seeker's Handbook: The Complete Guide to Spiritual Pathfinding.* Nova York: Harmony Books, 1990.

Leder, Drew. *Games for the Soul.* Nova York: Hyperion, 1998.

L'Engle, Madeleine. *Walking on Water: Reflections on Faith and Art.* Wheaton, IL: Harold Shaw Publishers, 1980.

Moses, Jeffrey. *Oneness: Great Principles Shared by All Religions.* Nova York: Fawcett Columbine, 1989.

Nouwen, Henry J. M. *With Open Hands.* Nova York: Ballantine Books, 1985.

Novak, Philip. *The World's Wisdom: Sacred Texts of the World's Religions.* Edison, NJ: Castle Books, 1996.

Oliver, Joan Duncan. *Contemplative Living.* Nova York: Dell Publishing, 2000.

Parrinder, Geoffrey (org.). *World Religions: From Ancient History to the Present.* Nova York: Facts on File, Inc., 1971.

Philip, Neil. *The Ilustrated Book of Myths.* Nova York: Dorling & Kindersley, 1995.

Putík, Alexandr et al. *Jewish Customs and Traditions.* Praga: State Jewish Museum in Prague, 1992.

Sakya, Jnan Bahadur. *Short Description of Gods, Goddesses and Ritual Objects of Buddhism and Hinduism in Nepal.* Nepal: Handicraft Association of Nepal, 1999.

Salwak, Dale (org.). *The Power of Prayer.* Novato, CA: New World Library, 1998.

Sherley-Price, Leo (trad.). *Thomas á Kempis: Counsels on the Spiritual Life.* Nova York: Penguin Books, 1995.

Shideler, Mary McDermott. *In Search of the Spirit: A Primer.* Nova York: Ballantine/Epiphany, 1985.

Shield, Benjamin e Carlson, Richard. *For the Love of God: Handbook for the Spirit.* Novato, CA: New World Library, 1997.

Smith, Huston. *The Ilustrated World's Religions: A Guide to Our Wisdom Traditions.* Nova York: HarperSanFrancisco, 1994.

Smith, Johathan Z. e Green, William Scott. *The HarperCollins Dictionary of Religion.* Nova York: HarperSanFrancisco, 1995.

Steindl-Rast, David. *A Listening Heart: The Art of Contemplative Living.* Nova York: Crossroad, 1994.

Steltenkamp, Michael F. *The Sacred Vision: Native American Religion and Its Practice Today.* Nova York: Paulist Press, 1982.

St. Romain, Philip. Pathways to Serenity. Ligouri, MO: Ligouri Publications, 1998.

Tomlinson, Gerald. *Treasury of Religious Quotations.* Englewood Cliffs, NJ: Prentice Hall, 1991.

Twelve Steps and Twelve Traditions. Nova York: Alcoholics Anonymous World Services, Inc., 1996.

Virtue, Doreen. *The Lightworker's Way: Awakening Your Spiritual Power to Know and Heal.* Carlsbad, CA: Hay House, 1997.

Walsh, Mary Caswell. *The Art of Tradition: A Christian Guide to Building a Family.* Denver, CO: The Morehouse Publishing Group, 1998.

Walsh, Roger. *Essential Espirituality: The 7 Central Practices to Awaken Heart and Mind.* Nova York: John Wiley & Sons, 1999.

Zaleski, Philip e Kaufman, Paul. *Gifts of the Spirit: Living the Wisdom of the Great Religious Traditions.* Nova York: HarperSanFrancisco, 1997.

Zerah, Aaron. *The Soul's Almanac: A Year of Interfaith Stories, Prayers and Wisdom.* Nova York: Jeremy P. Tarcher/Putnam, 1998.

Zubko, Andy. *Treasury of Spiritual Wisdom.* San Diego: Blue Dove Press, 1998.